ECKHART TOLLE

Leben im Jetzt

GOLDMANN
Lesen erleben

Buch

»Leben im Jetzt« zeigt Ihnen, wie Sie aus dem permanenten Gedankenkino aussteigen und festgefahrene Verhaltensmuster ablegen können. Es präsentiert in gestraffter und überarbeiteter Form die Essenz aus »Jetzt. Die Kraft der Gegenwart«. Der Weg ins Jetzt führt über die »unparteiische« Beobachtung unserer mentalen Vorgänge. Hierdurch wird uns bewusst, dass wir mehr sind als unsere Gedanken und psychologischen Reaktionen. Wir realisieren, dass wahrhaft Großes wie Liebe, Schönheit, Kreativität, Freude und innerer Friede einem Bereich jenseits unseres begrenzten Verstandes und unserer Persönlichkeit entstammen. Alte Probleme beginnen sich zu lösen, Leichtigkeit und Freude stellen sich ein, das Leben gelingt.

Autor

Eckhart Tolle wurde in Deutschland geboren und verbrachte hier die ersten 13 Jahre seines Lebens. Nach dem Studienabschluss an der University of London war er in Forschung und Supervision an der Cambridge University tätig. Im Alter von 29 Jahren veränderte eine tiefgreifende spirituelle Erfahrung sein Leben von Grund auf. Die Jahre danach verbrachte er damit, diese Erfahrung zu vertiefen und zu integrieren. Seit über 20 Jahren unterrichtet Tolle als Weisheitslehrer in Nord- und Südamerika sowie in Europa.

Eckhart Tolle

Leben im Jetzt

Das Praxisbuch

Aus dem Englischen von Erika Ifang

GOLDMANN

Die amerikanische Originalausgabe erschien 2001 unter dem Titel »Practicing the Power of Now« bei New World Library, Novato, California, USA.
Die deutsche Erstausgabe erschien 2002 unter dem Titel »Leben im Jetzt. Lehren, Übungen und Meditationen aus ›The Power of Now‹« bei Arkana, München.

MIX
Papier aus verantwortungsvollen Quellen
FSC® C014496
FSC
www.fsc.org

Verlagsgruppe Random House FSC® N001967
Das für dieses Buch verwendete FSC®-zertifizierte
Papier *Pamo House* liefert
Arctic Paper Mochenwangen GmbH.

6. Auflage

Vollständige Taschenbuchausgabe Mai 2014

Umschlaggestaltung: Uno Werbeagentur
Umschlagmotiv: FinePic®, München
Lektorat: Gerhard Juckoff
WL · Herstellung: cb
Satz: Buch-Werkstatt GmbH, Bad Aibling
Druck: GGP Media GmbH, Pößneck
Printed in Germany
ISBN 978-3-442-22083-0

www.goldmann-verlag.de

Die Freiheit beginnt mit der Erkenntnis,
dass du nicht »der Denker« bist.
In dem Augenblick, in dem du den Denker
zu beobachten beginnst,
wird eine höhere Bewusstseinsebene aktiviert.
Du erkennst, dass es einen unendlich großen
Intelligenzbereich jenseits des Denkens gibt,
von dem das Denken nur ein winziger Bruchteil ist.
Du erkennst ferner, dass alles, was wirklich
von Bedeutung ist –
Schönheit, Liebe, Kreativität, Freude,
innerer Frieden –
seinen Ursprung jenseits des Verstandes hat.

Du beginnst zu erwachen.

Inhalt

Einleitung

Mein Buch *Jetzt! Die Kraft der Gegenwart* hat seit seinem Erscheinen 1997 bereits einen Einfluss auf das kollektive Bewusstsein der Erde gehabt, der weit über alles hinausgeht, was ich mir hätte vorstellen können. Es ist in 15 Sprachen übersetzt worden, und jeden Tag bekomme ich Post von Lesern aus aller Welt, die mir mitteilen, wie sich ihr Leben durch die Lehren dieses Buches verändert hat.

Zwar sind die Auswirkungen des vom Wahnsinn verblendeten Egodenkens noch überall sichtbar, aber etwas Neues ist im Entstehen begriffen. Nie zuvor sind so viele Menschen bereit gewesen, aus den kollektiven Denkmustern auszubrechen, durch die die Menschheit seit undenklichen Zeiten ans Leiden gefesselt ist. Ein neues Bewusstsein entsteht. Wir haben genug gelitten! Gerade jetzt, während du dieses Buch in Händen hältst und von der Möglichkeit eines befreiten Lebens liest, in dem du nicht länger Leid über dich und andere bringst, nimmt es in dir Gestalt an.

Viele meiner Leser haben in ihren Briefen den Wunsch geäußert, die Lehren aus *Jetzt! Die Kraft der Gegenwart* in einer Form vermittelt zu bekommen, durch die sie leichter in die tägliche Lebenspraxis integriert werden können. Dieser Wunsch hat zu dem vorliegenden Buch geführt.

Es enthält neben den Anweisungen und praktischen Übungen auch kurze Absätze, die jeweils Texten aus dem vorigen Buch entsprechen; sie sind als Erinnerung an einige der Gedanken und Konzepte gedacht und können dir als Leitfaden für die tägliche Anwendung dieser Ideen dienen.

Viele der Textpassagen eignen sich besonders zum meditativen Lesen. Dabei kommt es nicht darauf an, dir neue Kenntnisse anzueignen, sondern beim Lesen in einen anderen Bewusstseinszustand einzutreten. Deshalb kannst du denselben Textabschnitt auch immer wieder lesen und ihn jedes Mal als frisch und neu empfinden. Nur Worte, die im Gegenwärtigsein gesprochen oder geschrieben werden, haben diese transformative Kraft, die Kraft, auch beim Leser das Gegenwärtigsein zu wecken.

Am besten liest du diese Texte langsam. Du wirst des Öfteren innehalten und dich einen Augenblick lang der Besinnung oder Stille hingeben wollen. Bisweilen wirst du das Buch auch nur kurz irgendwo aufschlagen und ein paar Zeilen lesen.

Für Leser, die die Lektüre meines ersten Buches zu

schwierig fanden und vielleicht davor zurückschreckten, wird das neue Buch *Leben im Jetzt* eine gute Einführung sein.

Teil I
Der Zugang zur Kraft des Jetzt

Wenn dein Bewusstsein nach außen
gerichtet ist,
entstehen das Denken und die Welt.
Wenn es nach innen gerichtet ist,
erkennt es seinen Ursprung
und kehrt heim ins Unmanifestierte.

1 Sein und Erleuchtung

Es gibt das ewige, immer gegenwärtige *eine Leben* jenseits der Myriaden von Lebensformen, die Geburt und Tod unterworfen sind. Viele Menschen verwenden dafür das Wort »Gott«; ich nenne es meist »Sein«, obwohl das Wort »Sein« ebenso wenig erklärt wie das Wort »Gott«. »Sein« hat allerdings den Vorteil, dass es ein offenes Konzept ist. Es reduziert das unendliche Unsichtbare nicht auf etwas Endliches. Man kann sich unmöglich eine gedankliche Vorstellung davon machen. Niemand kann einen Alleinanspruch auf das Sein geltend machen. Es ist dein Gegenwärtigsein an sich, und jeder hat durch das Gefühl der eigenen Gegenwart unmittelbaren Zugang dazu. Vom Wort »Sein« ist es nur ein kleiner Schritt zur Erfahrung des Seins.

Das Sein besteht nicht nur jenseits aller Formen, sondern zugleich tief im Innern aller Formen als deren innerstes, unsichtbares, unzerstörbares Wesen. Folglich ist es dir jetzt als dein eigenes tiefstes Selbst, dein eigenes wahres Wesen zugänglich. Aber versuche nicht, es mit dem Denken zu erfassen. Versuche nicht, es zu verstehen.

Du kannst es nur erfahren, wenn der Verstand still ist. Du wirst es nie mit dem Intellekt begreifen können, aber wenn du voll gegenwärtig bist und deine Aufmerksamkeit ganz auf das Jetzt konzentrierst, kannst du es fühlen.

Sich des Seins wieder bewusst zu werden und in diesem Zustand »fühlenden Erkennens« zu verharren ist Erleuchtung.

Das Wort *Erleuchtung* beschwört die Vorstellung einer übermenschlichen Großtat herauf, und das Ego möchte, dass es so bleibt; dabei bezeichnet das Wort einfach nur den natürlichen Zustand, in dem du dich eins mit dem Sein fühlst. Es ist ein Zustand der Verbundenheit mit etwas Unermesslichem und Unzerstörbarem, mit etwas, das paradoxerweise du selbst bist und das trotzdem viel größer ist als du. Du findest darin, jenseits von Name und Form, dein wahres Wesen.

Aus der Unfähigkeit, diese Verbundenheit zu spüren, entsteht die Illusion, von sich selbst und der Außenwelt getrennt zu sein. In diesem Fall nimmst du dich bewusst oder unbewusst als isoliertes Fragment wahr. Angst entsteht, innere und äußere Konflikte werden zur Normalität.

Das größte Hindernis für die Erfahrung dieser realen Verbundenheit ist die Identifikation mit dem Verstand, die das Denken zwanghaft werden lässt. Nicht mit dem Denken aufhören zu können ist ein Verhängnis, aber wir sind uns dessen nicht bewusst, weil fast jeder darunter leidet, sodass es für normal gehalten wird. Der unaufhörliche Lärm des Denkens verhindert jedoch, dass wir den Raum der inneren Stille finden, der vom Sein untrennbar ist. Durch den Lärm des Denkens entsteht auch das falsche, vom Verstand künstlich aufrechterhaltene Selbst, das uns mit Angst und Leid überschattet.

Die Identifikation mit dem Verstand schafft einen undurchdringlichen Schleier aus Konzepten, Begriffen, Vorstellungen, Worten, Urteilen und Definitionen, der jede wahre Beziehung blockiert. Dieser Gedankenschleier schiebt sich zwischen dich und dein Selbst, dich und deine Mitmenschen, dich und die Natur, dich und Gott. Er ist es, der die Illusion des Getrenntseins erzeugt, die Illusion, dass es dich und etwas völlig von dir getrenntes »anderes« gibt. Dabei vergisst du die grundlegende Tatsache, dass du auf einer Ebene jenseits der körperlichen Erscheinungen und getrennten Formen eins bist mit allem, was ist.

Bei richtigem Gebrauch ist der Verstand ein hervorragendes Instrument. Wird er jedoch falsch eingesetzt, kann er sich sehr zerstörerisch auswirken. Um genau zu sein: Du benutzt deinen Verstand eigentlich gar nicht falsch – du benutzt ihn überhaupt nicht. Er benutzt dich. Das ist die Krankheit. Du identifizierst dich mit deinem Verstand. Das ist die Täuschung. Das Instrument hat die Herrschaft über dich gewonnen.

Du bist im Grunde, ohne es zu ahnen, besessen und hältst das Wesen, das von dir Besitz ergriffen hat, für dich selbst.

Die Freiheit beginnt mit der Erkenntnis, dass du nicht das Wesen bist, von dem du besessen wirst – der Denker. Diese Einsicht versetzt dich in die Lage, den, der dich beherrscht, zu beobachten. In dem Augenblick, in dem du den Denker zu beobachten beginnst, wird eine höhere Bewusstseinsebene aktiviert.

Du erkennst einen unendlich großen Intelligenzbereich jenseits des Denkens, von dem das Denken nur ein winziger Bruchteil ist. Du erkennst auch, dass alles, was wirklich von Bedeutung ist – Schönheit, Liebe, Kreativität, Freude, innerer Friede – seinen Ursprung jenseits des Verstandes hat.

Du beginnst zu erwachen.

Die Befreiung vom Verstand

Die gute Nachricht ist, dass du dich vom Verstand befreien kannst. Das ist die einzig wahre Befreiung. Du kannst gleich jetzt damit beginnen.

> **Lausche auf die Stimme in deinem Kopf,** sooft du kannst. Achte besonders auf wiederkehrende Denkmuster, diese alten Tonbänder, die womöglich schon jahrelang in deinem Kopf ablaufen.
> Mit dem »Beobachten des Denkers« meine ich im Grunde nichts anderes als dies: Höre auf die Stimme in deinem Kopf, sei dort als Zeuge gegenwärtig.
> Höre der Stimme unvoreingenommen zu, während du auf sie lauschst. Werte nicht. Beurteile und verdamme nichts von dem, was du hörst, denn damit würdest du der Stimme wieder ein Hintertürchen öffnen. Dir wird bald klar sein: Da ist die Stimme – und hier bin ich, höre ihr zu und beobachte sie. Das Erkennen des »*Ich-bin*«, dieses Gefühl deiner eigenen Gegenwart, ist kein Gedanke. Sein Ursprung liegt jenseits des Verstandes.

Wenn du also einem Gedanken lauschst, bist du dir nicht nur dieses Gedankens bewusst, sondern auch deiner selbst als Zeuge dieses Gedankens. Damit öffnet sich eine neue Bewusstseinsdimension.

Während du dem Gedanken lauschst, spürst du gleichsam hinter oder unter dem Gedanken eine bewusste Gegenwart – dein tieferes Selbst. Der Gedanke verliert seine Macht über dich und schwindet dahin, weil du den Verstand nicht mehr durch deine Identifikation mit ihm bestärkst. Das ist der Anfang vom Ende des unfreiwilligen, zwanghaften Denkens.

Wenn ein Gedanke verflogen ist, erlebst du eine Unterbrechung im Gedankenstrom – eine Lücke des Nichtdenkens. Zu Anfang werden diese Lücken vielleicht sehr kurz sein und nur ein paar Sekunden dauern, aber sie dehnen sich mit der Zeit aus. Wenn solche Lücken eintreten, empfindest du eine gewisse Stille und Frieden in deinem Innern. Dann ist der natürliche Zustand nahe, in dem du dich eins fühlst mit dem Sein, woran dich sonst das Denken hindert.

Durch Übung wird das Gefühl von Stille und Frieden immer tiefer, unendlich tief. Und aus dem tiefsten Innern wirst du eine zarte Freude aufsteigen fühlen: die Freude des Seins.

In diesem Zustand der inneren Verbundenheit bist du viel bewusster, viel wacher, als wenn du dich mit dem Verstand identifizierst. Du bist vollkommen gegenwärtig.

Dadurch wird auch die Schwingungsfrequenz des

Energiefeldes angehoben, das den physischen Körper mit Leben erfüllt.

Während du immer tiefer in den Bereich des Nichtdenkens, wie er im Osten manchmal genannt wird, eindringst, machst du die Erfahrung reiner Bewusstheit. In diesem Zustand empfindest du deine eigene Gegenwart mit solcher Intensität und Freude, dass im Vergleich dazu alles Denken, alle Emotionen, der physische Körper ebenso wie die ganze Außenwelt, unbedeutend werden. Trotzdem ist dieser Zustand nicht selbstbezogen, sondern selbstlos. Er trägt dich über das hinaus, was du vorher als »dich selbst« bezeichnet hast. Er ist etwas, was seinem Wesen nach du bist und was zugleich unvorstellbar viel größer ist als du.

> **Statt »den Denker zu beobachten«,** kannst du den Gedankenstrom auch unterbrechen, indem du deine Aufmerksamkeit einfach auf das Jetzt richtest. Werde dir einfach des gegenwärtigen Augenblicks vollkommen bewusst.

Das ist etwas sehr Befriedigendes. Auf diese Weise kannst du dein Bewusstsein vom Denken abziehen und eine Lücke des Nichtdenkens schaffen, in der du hellwach und voll bewusst bist, ohne zu denken. Das ist das Wesen der Meditation.

Im täglichen Leben kannst du dich darin bei jeder Routinetätigkeit üben, die normalerweise nur Mittel zum Zweck ist. Widme ihr deine gesammelte Aufmerksamkeit, sodass sie selber zum Zweck wird. Achte zum Beispiel, wenn du zu Hause oder an deinem Arbeitsplatz eine Treppe hinaufgehst, aufmerksam auf jede Stufe, auf jede Bewegung und sogar auf deine Atmung. Sei voll gegenwärtig.

Oder achte beim Händewaschen mit gesammelter Aufmerksamkeit auf all die Sinneswahrnehmungen, die mit dieser Tätigkeit verbunden sind: auf das Geräusch des Wassers, darauf, wie es sich anfühlt, auf die Bewegung deiner Hände, den Duft der Seife usw.

Oder halte, wenn du in ein Auto eingestiegen bist und die Tür geschlossen hast, ein paar Sekunden inne und achte auf den Strom deines Atems. Werde dir eines stillen, aber kraftvollen Gefühls der Gegenwart bewusst.

Es gibt ein sicheres Kriterium, an dem du deinen Erfolg bei dieser Übung messen kannst: das Maß des Friedens, den du innerlich dabei empfindest.

Der allerwichtigste Schritt auf deinem Weg zur Erleuchtung ist dieser: Lerne, dich von der Identifikation mit dem Verstand zu lösen. Jedes Mal wenn du eine Unterbrechung im Strom der Gedanken schaffst, wird das Licht des Bewusstseins stärker.

Eines Tages wirst du dich dabei ertappen, dass du über die Stimme in deinem Kopf lächelst, wie du über die Possen eines Kindes lächeln würdest. Dann nimmst du den Inhalt deines Denkens nicht mehr so ernst wie früher, weil dein Selbstgefühl nicht mehr davon abhängt.

Erleuchtung: über das Denken hinausgehen

Während du aufwuchst, festigte sich in dir durch persönliche und kulturelle Konditionierung eine geistige Vorstellung davon, wer du bist. Nennen wir dieses Phantomselbst das Ego. Es besteht aus Verstandesaktivitäten und kann nur durch unablässiges Denken in Gang gehalten werden. Der Begriff *Ego* hat für jeden eine andere Bedeutung; ich meine damit das falsche Selbst, das durch die unbewusste Identifikation mit dem Verstand entsteht.

Für das Ego existiert der gegenwärtige Augenblick kaum. Nur Vergangenheit und Zukunft haben Geltung. An dieser totalen Verkehrung der Wahrheit liegt es, dass der Verstand im Ego-Modus so unbefriedigend funktioniert. Er beschäftigt sich unentwegt damit, die Vergangenheit lebendig zu erhalten, denn wenn sie wegfällt – wer bist du dann? Er projiziert sich immer wieder selbst in die Zukunft, um sicherzustellen, dass er weiterlebt, und eine gewisse Erleichterung oder Befriedigung darin zu finden. Er sagt: »Eines Tages, wenn dieses oder jenes passiert, wird alles in Ordnung sein, und dann werde ich glücklich und in Frieden leben.«

Selbst wenn sich das Ego mit der Gegenwart zu befassen scheint, nimmt es gar nicht die Gegenwart wahr, denn es sieht sie vollkommen falsch, weil es sie mit den Augen der Vergangenheit betrachtet. Oder es macht aus der Gegenwart ein bloßes Mittel zum Zweck, und dieser Zweck liegt immer in der vom Verstand erdachten Zukunft. Beobachte deinen Verstand, und du wirst sehen, dass er genau so funktioniert.

Im gegenwärtigen Augenblick liegt der Schlüssel zur Befreiung. Aber solange du dich mit dem Verstand identifizierst, kannst du den gegenwärtigen Augenblick nicht finden.

Erleuchtung heißt, über das Denken hinauszugehen. Im Zustand der Erleuchtung machst du zwar bei Bedarf vom denkenden Verstand Gebrauch, aber viel zielgerichteter und effektiver als vorher. Frei vom zwanghaften inneren Dialog, benutzt du ihn vor allem für praktische Zwecke, und im Innern herrscht Stille.

Wenn du, besonders im Hinblick auf eine kreative Lösung, deinen Verstand gebrauchst, wechselst du alle paar Minuten zwischen Geistesaktivität und Stille, zwischen Denken und Nichtdenken hin und her. Das Nichtdenken ist Bewusstheit ohne Gedanken. Nur so ist kreatives Denken möglich, denn nur so hat das Denken wirkliche Macht. Für sich allein, ohne die Verbindung zum unendlich viel größeren Bereich des Bewusstseins, wird das Denken schnell unproduktiv, krank und zerstörerisch.

Emotionen: die Reaktion des Körpers auf den Verstand

Zum Verstand in dem Sinne, wie ich dieses Wort gebrauche, gehört nicht nur das Denken. Der Verstand umfasst ebenso die Emotionen wie auch alle unbewussten mental-emotionalen Reaktionsmuster. Emotionen oder Gefühle entstehen da, wo Verstand und Körper aufeinander treffen. Sie sind die körperliche Reaktion auf den Verstand – sozusagen eine Spiegelung des Verstandes im Körper.

Je mehr du dich mit deinem Denken, deinen Vorlieben und Abneigungen, Urteilen und Interpretationen identifizierst, je weniger du also als beobachtendes Bewusstsein gegenwärtig bist, umso stärker lädtst du dich mit emotionaler Energie auf, ob du dir dessen bewusst bist oder nicht. Wenn du deine Emotionen nicht fühlen kannst, wenn du von ihnen abgeschnitten bist, wirst du sie irgendwann auf einer rein physischen Ebene als körperliche Beschwerde oder Krankheitssymptom spüren.

Wenn es dir schwer fällt, deine Emotionen zu spüren, solltest du damit beginnen, die Aufmerksamkeit auf das innere Energiefeld des Körpers zu richten. Fühle den Körper von innen her. Dadurch kommst du auch mit deinen Emotionen in Berührung.
Der Körper liefert dir immer ein getreues Spiegelbild; wenn du also wirklich Einblick in deinen Verstand nehmen willst, musst du dir deine Emotionen anschauen, besser gesagt, sie in deinem Körper fühlen. Sollte ein Konflikt zwischen beiden zutage treten, kannst du davon ausgehen, dass der Gedanke die Lüge und das Gefühl die Wahrheit ist. Nicht die höchste Wahrheit dessen, was du bist, sondern die relative Wahrheit deiner mentalen Verfassung zu dem betreffenden Zeitpunkt.
Vielleicht bist du noch nicht in der Lage, dir deine unbewussten Verstandesaktivitäten in der Form von Gedanken bewusst zu machen, aber sie werden sich immer als Gefühl in deinem Körper widerspiegeln, und dessen kannst du gewahr werden.

Eine Emotion oder ein Gefühl auf diese Weise zu beobachten ist im Grunde nichts anderes als das zuvor bereits beschriebene Lauschen auf einen Gedanken. Der einzige Unterschied ist der, dass dir der Gedanke durch den Kopf fährt, während die Emotion eine starke physische Komponente hat und deshalb vor allem im Körper zu spüren ist. Jetzt kannst du diese Emotion zulassen, ohne dich von ihr beherrschen zu lassen. Du identifizierst dich nicht mehr mit ihr; sondern bist der Beobachter, die beobachtende Präsenz.

Wenn du dich auf diese Weise übst, wird alles, was noch unbewusst in dir schlummert, ans Licht des Bewusstseins gebracht.

Mache es dir zur Gewohnheit, dich zu fragen: Was geht in diesem Augenblick in mir vor? Diese Frage wird dir die richtige Richtung weisen. Aber analysiere nichts, beobachte einfach nur. Richte deine Aufmerksamkeit nach innen. Fühle die Energie der Emotion.
Wenn keine Emotion da ist, solltest du deine Aufmerksamkeit noch tiefer in das innere Energiefeld deines Körpers lenken. Das ist das Tor zum Sein.

2 Der Ursprung der Angst

Der psychische Zustand der Angst steht mit keiner konkreten, echten, unmittelbaren Gefahr in Zusammenhang. Er äußert sich in unterschiedlichster Form: als Unbehagen, Sorge, Unruhe, Nervosität, Anspannung, Schrecken, Phobie usw. Diese Art von psychischer Angst ist nicht durch etwas begründet, was gerade geschieht, sondern durch etwas, das möglicherweise geschehen *könnte*. Du bist im Hier und Jetzt, während deine Gedanken in der Zukunft weilen. Dadurch entsteht eine Blase, die sich mit Angst füllt. Und wenn du dich mit deinem Denken identifizierst, sodass du die Berührung mit der Kraft und Einfachheit des Jetzt verlierst, wird diese angsterfüllte Blase dein ständiger Begleiter sein. Mit dem gegenwärtigen Augenblick kannst du immer klarkommen, aber mit etwas, das reine Projektion ist, kannst du nichts anfangen – mit der Zukunft kannst du nicht fertig werden.

Solange du dich mit deinen Gedanken identifizierst, wird dein Leben vom Ego beherrscht. Da das Ego seinem Wesen nach nur ein Phantom und trotz ausgeklügelter Abwehrmechanismen sehr unsicher und verletzlich ist, fühlt es sich ständig bedroht. Das ist, nebenbei bemerkt, auch dann der Fall, wenn es nach außen hin vollkommen selbstsicher wirkt. Erinnere dich nun daran, dass eine Emotion die Reaktion des Körpers auf den Verstand ist. Welche Botschaft übermittelt das Ego, dieses falsche, vom Denken erfundene Selbst dem Körper unablässig? Gefahr im Verzug – ich werde bedroht! Und welche Emotion löst diese Dauerbotschaft aus? Natürlich Angst.

Angst scheint vielerlei Ursachen zu haben. Wir haben Angst vor Verlust, Angst zu versagen, Angst vor Verletzung usw., aber letztendlich ist jede Angst die Angst des Ego vor dem Tod, vor der Vernichtung. Das Ego wittert den Tod stets in nächster Nähe. Wenn du dich mit deinem Denken identifizierst, nimmt die Angst Einfluss auf jeden Aspekt deines Lebens.

Selbst etwas so Triviales und »Normales« wie das zwanghafte Bedürfnis, bei einem Streit Recht zu behalten und dem Kontrahenten klar zu machen, dass er Unrecht hat – die Verteidigung der Geisteshaltung, mit der du dich identifizierst –, ist durch die Angst vor dem Tod begründet. Wenn du dich mit einer geistigen Einstellung identifizierst und merkst, dass du im Unrecht bist, erhält dein Selbstgefühl, das sich auf dein Denken gründet, einen vernichtenden Schlag. Als Ego kannst du es dir also nicht leisten, Unrecht zu haben. Unrecht zu haben heißt sterben. Daran haben sich Kriege entzündet, sind zahllose Beziehungen zerbrochen.

Sobald du aufhörst, dich mit deinem Denken zu identifizieren, spielt es für dein Selbstgefühl überhaupt keine Rolle mehr, ob du im Recht oder im Unrecht bist, und das starke, zwanghafte, tief unbewusste Bedürfnis, Recht zu behalten, das eine Form von Gewalt darstellt, ist wie weggeblasen. Dann kannst du klar und deutlich sagen, was du empfindest oder denkst, ohne dabei aggressiv zu werden oder eine Abwehrhaltung einzunehmen. In diesem Fall entspringt dein Selbstgefühl nicht deinem Denken, sondern einer tieferen Wahrheit in deinem Innern.

Achte auf jede Form von Abwehrhaltung in deinem Innern. Was verteidigst du eigentlich? Eine trügerische Identität, eine gedankliche Vorstellung, ein fiktives Gebilde. Indem du dir dieses Muster bewusst machst und es beobachtest, hörst du auf, dich mit ihm zu identifizieren. Im Licht der Bewusstheit löst sich das unbewusste Muster schnell auf.
Damit sind alle Streitigkeiten und Machtspiele, die sich so zersetzend auf Beziehungen auswirken, zu Ende. Macht über andere ist als Stärke getarnte Schwäche. Wahre Macht kommt von innen, und sie ist dir jetzt zugänglich.

Der Verstand versucht stets, das Jetzt zu leugnen und davor zu flüchten. Mit anderen Worten: Je stärker du dich mit deinem Denken identifizierst, umso mehr leidest du. Je besser du das Jetzt anzunehmen und zu würdigen weißt, umso weniger Schmerz und Leid erfährst du – und umso freier bist du vom Egodenken.

Wenn du den Schmerz für dich und andere nicht vermehren willst, wenn du dem Schmerz aus der Vergangenheit, der noch in dir lebendig ist, nichts mehr hinzufügen willst, dann höre auf, die Zeit zu vermehren; mach zumindest nicht mehr aus der Zeit, als du zur Bewältigung der praktischen Aufgaben im Leben brauchst. Wie kannst du aufhören, die Zeit zu vermehren?

Werde dir im tiefsten Innern bewusst, dass der gegenwärtige Augenblick alles ist, was du je haben wirst. Mach das Jetzt zum Brennpunkt deines Lebens.
Statt wie bisher im zeitlichen Früher oder Später zu verweilen und dem Jetzt nur kurze Besuche abzustatten, verweilst du fortan im Jetzt und stattest der Vergangenheit und Zukunft nur dann einen kurzen Besuch ab, wenn es die praktischen Lebensumstände erfordern.
Sag immer »Ja« zum gegenwärtigen Augenblick.

Gib die Illusion »Zeit« auf

Hier ist der Schlüssel dazu: Gib die Illusion »Zeit« auf. Zeit und Denken sind untrennbar verbunden. Widme dem Denken keine Zeit mehr, und es hält an – es sei denn, du *willst* deinen Verstand gebrauchen.

Wenn du dich mit deinem Denken identifizierst, gehst du der Zeit auf den Leim und gibst dem Drang nach, fast ausschließlich in Erinnerungen und Erwartungen zu leben. Dadurch bist du unentwegt mit Vergangenheit und Zukunft beschäftigt und nicht bereit, den gegenwärtigen Augenblick geschehen zu lassen, ihn anzunehmen und zu würdigen. Du erliegst dem unwiderstehlichen Drang, weil du deine Identität aus der Vergangenheit beziehst, während die Zukunft dir Erlösung verheißt, Erfüllung in irgendeiner Form. Beides ist eine Illusion.

Je stärker du dich auf die Zeit konzentrierst – auf Vergangenheit und Zukunft –, umso mehr entgeht dir das Jetzt, das Kostbarste, was es gibt.

Warum ist es das Kostbarste? Erstens, weil es das Einzige ist. Sonst gibt es nichts. Die ewige Gegenwart ist der Raum, in dem sich dein ganzes Leben entfaltet, der eine Faktor, der konstant bleibt. Das Leben vollzieht sich jetzt. Dein Leben hat sich nie in einem Zeitraum außerhalb des jetzigen Augenblicks abgespielt und wird es auch nie tun. Zweitens, weil das Jetzt der einzige Punkt ist, an dem du über die engen Grenzen des Verstandes hinausgehen kannst. Es ist dein einziger Zugang zum zeit- und formlosen Bereich des Seins.

Hast du je außerhalb des Jetzt etwas erfahren, getan, gedacht oder gefühlt? Glaubst du, du könntest das jemals? Kann überhaupt etwas außerhalb des Jetzt sein oder geschehen? Die Antwort dürfte doch klar sein, oder?

Nichts ist jemals in der Vergangenheit geschehen; es geschah im Jetzt. Nichts wird jemals in der Zukunft geschehen; es geschieht im Jetzt.

Das, was ich hier sage, ist mit dem Verstand nicht zu begreifen. In dem Augenblick, in dem du es erfasst, vollzieht sich ein Bewusstseinswechsel vom Denken zum Sein, von der Zeit zur Gegenwart. Plötzlich erwacht alles zum Leben, strahlt Energie aus und leuchtet im Sein.

3 Eintritt ins Jetzt

Zugleich mit der Dimension der Zeitlosigkeit stellt sich eine andere Art von Wissen ein, durch die der Geist, der jedes Geschöpf und jedes Ding beseelt, nicht getötet wird. Ein Wissen, das die Heiligkeit und das Mysterium des Lebens nicht zerstört, sondern eine tiefe Liebe und Ehrfurcht für alles Seiende in sich birgt. Ein Wissen, von dem der Verstand nichts weiß.

Durchbrich die alte Angewohnheit, den gegenwärtigen Augenblick zu verleugnen und ihm Widerstand zu leisten. Übe dich darin, deine Aufmerksamkeit von Vergangenheit und Zukunft abzuziehen, wenn sie unerheblich sind. Trete so oft wie möglich im Lebensalltag aus der Dimension der Zeit heraus.

Wenn es dir schwer fällt, direkt in das Jetzt einzutreten, beginne damit, dass du die Neigung deines Denkens beobachtest, gewohnheitsmäßig vor dem Jetzt zu fliehen. Du wirst sehen, dass es dir die Zukunft entweder besser als die Gegenwart oder schlechter als sie ausmalt. Wenn die Zukunftsvision besser ist, bist du hoffnungsvoll und hegst angenehme Erwartungen. Ist sie schlechter, macht sie dir Angst. Beides ist eine Illusion.

Durch Selbstbeobachtung kommt automatisch mehr Gegenwärtigkeit in dein Leben. In dem Augenblick, in dem dir bewusst wird, dass du abwesend bist, bist du wieder anwesend. Wann immer du in der Lage bist, deinen Geist zu beobachten, bist du ihm nicht länger verhaftet. Ein anderer Faktor ist ins Spiel gekommen, etwas, das nicht vom Denken herrührt: die beobachtende Präsenz.

Sei präsent als Beobachter deines Geistes – sowohl deiner Gedanken und Emotionen als auch deiner Reaktionen in verschiedenen Situationen. Sei mindestens ebenso interessiert an deinen eigenen Reaktionen wie an der Situation oder Person, die diese Reaktionen auslöst.

Achte auch darauf, wie oft deine Aufmerksamkeit in die Vergangenheit oder Zukunft abschweift. Werte und analysiere nicht, was du beobachtest. Betrachte die Gedanken, fühle die Emotionen, beobachte die Reaktionen. Mach kein persönliches Problem daraus. Du wirst schließlich etwas spüren, das viel stärker ist als alles, was du beobachtest: die stille, betrachtende Präsenz jenseits aller geistigen Inhalte, den stillen Beobachter.

Gesteigerte Präsenz ist erforderlich, wenn bestimmte Umstände stark emotional aufgeladene Reaktionen bei dir auslösen, wenn zum Beispiel dein Selbstbild bedroht ist, wenn dir eine Herausforderung in deinem Leben Angst einflößt, wenn alles »schief geht« oder wenn ein emotionales Problem aus der Vergangenheit hochkommt. In solchen Situationen handelst du oft nur noch »unbewusst«. Du wirst so von deiner Reaktion und deinen Emotionen vereinnahmt, dass du mit ihnen eins wirst. Du agierst sie aus. Du rechtfertigst dich, setzt den anderen ins Unrecht, greifst an, verteidigst dich ... nur dass gar nicht du aktiv wirst, sondern dein Reaktionsmuster, dein Denken in seinem gewohnten Überlebensmodus.

Die Identifikation mit dem Verstand bestärkt ihn; die Beobachtung des Verstandes schwächt ihn. Identifikation mit dem Verstand macht mehr aus der Zeit; Beobachtung des Verstandes eröffnet die Dimension der Zeitlosigkeit. Die Energie, die dem Verstand entzogen wird, verwandelt sich in Präsenz. Sobald du fühlen kannst, was es heißt, präsent zu sein, fällt es dir viel leichter, einfach aus der Zeitdimension auszusteigen, wenn du nicht gerade Zeit für praktische Aufgaben brauchst, und tiefer in das Jetzt einzutauchen.

Deine Fähigkeit, Zeit – Vergangenheit und Zukunft – bei Bedarf für praktische Zwecke zu nutzen, leidet nicht darunter. Auch deine Fähigkeit, vom Verstand Gebrauch zu machen, wird nicht dadurch beeinträchtigt. Im Gegenteil, sie verbessert sich dabei noch. Wenn du dann deinen Verstand gebrauchst, ist er geschärft und fokussiert.

Im Brennpunkt der Aufmerksamkeit eines erleuchteten Menschen steht immer das Jetzt, aber dabei ist er sich am Rande auch noch der Zeit bewusst. Mit anderen Worten: Er hält sich weiterhin an die Uhrzeit, ist jedoch frei von psychischer Zeit.

Von der psychischen Zeit loskommen

Lerne Zeit für die praktischen Aufgaben im Leben zu gebrauchen – wir wollen sie »Uhrzeit« nennen –, aber kehre immer sofort zur Präsenz im gegenwärtigen Augenblick zurück, wenn du deine Aufgaben erfüllt hast. Dann kann sich keine »psychische Zeit« ansammeln, also keine Identifikation mit der Vergangenheit mehr stattfinden, ebenso wie du aufhörst, ständig zwanghaft in die Zukunft zu projizieren.

Wenn du dir ein Ziel setzt und darauf hinarbeitest, benutzt du die Uhrzeit. Du bist dir bewusst, wohin du willst, weißt zugleich den Schritt, den du in diesem Augenblick unternimmst, zu würdigen und widmest ihm die vollste Aufmerksamkeit. Anders ist es bei einer exzessiven Beschäftigung mit dem Ziel, die wahrscheinlich dadurch begründet ist, dass du dort nach Glück,

Erfüllung oder Mehrung deines Selbstgefühls suchst. Sie führt zur Geringschätzung des Jetzt, das dabei nur noch als Trittstein in die Zukunft dient und seinen eigenen Wert verliert.

In diesem Fall verwandelt sich Uhrzeit in psychische Zeit. Deine Lebensreise ist kein Abenteuer mehr, sondern nur von dem zwanghaften Bedürfnis geprägt, anzukommen, etwas zu erreichen, es zu schaffen. Dann nimmst du weder die Blumen am Wegesrand mehr wahr noch ihren Duft, weder die Schönheit noch das Wunder des Lebens, das sich ringsum entfaltet, wenn du ganz im Jetzt bist.

Versuchst du ständig, von da, wo du bist, irgendwohin zu kommen? Ist das meiste von dem, was du tust, nur ein Mittel zum Zweck? Ist Erfüllung immer irgendwie unerreichbar oder auf so flüchtige Genüsse wie Sex, Essen, Trinken, Drogen, Spannung und Nervenkitzel beschränkt? Konzentrierst du dich immer darauf, etwas zu werden, zu leisten und zu erreichen, bist du stets auf einen neuen Reiz, ein neues Vergnügen aus? Glaubst du, mehr Erfüllung zu finden, dein Selbstwertgefühl zu heben und deine Psyche zu stärken, je mehr du leistest oder anhäufst? Wartest du auf einen Mann oder eine Frau, die deinem Leben einen Sinn geben könnten?

Im normalen, unerleuchteten Bewusstseinszustand der Identifikation mit den mentalen Funktionen sind die Kraft und die unerschöpflichen kreativen Möglichkeiten, die im Jetzt verborgen liegen, völlig verdeckt durch die psychische Zeit. In diesem Fall fehlt deinem Leben das Pulsierende, die Frische, das Staunenkönnen. Nach einem Drehbuch in deinem Kopf, das dir eine gewisse Identität gibt, zugleich jedoch die Wirklichkeit des Jetzt verdeckt oder verschleiert, werden deine alten Denk-, Emotions-, Verhaltens-, Reaktions- und Wunschmuster in endlosen Wiederholungen ausagiert. Dann kreist dein Denken auf der Flucht vor der unbefriedigenden Gegenwart zwangsläufig um die Zukunft.

Was du als Zukunft ansiehst, ist ein wesentlicher Teil deines jetzigen Bewusstseinszustands. Wenn du im Geiste eine schwere Last aus der Vergangenheit mit dir herumschleppst, wirst du auch weiterhin schwer daran tragen. Durch den Mangel an Gegenwärtigkeit setzt sich die Vergangenheit unaufhörlich fort. Die Zukunft wird durch die Qualität deines Bewusstseins in diesem Augenblick geprägt – und kann natürlich nur als Jetzt erfahren werden.

Wenn aber die Zukunft durch die Qualität deines Bewusstseins in diesem Augenblick bestimmt wird, wodurch wird dann seinerseits die Qualität deines Bewusstseins bestimmt? Durch das Maß deiner Gegenwärtigkeit. Der einzige Ort, an dem eine echte Veränderung stattfinden und sich die Vergangenheit auflösen kann, ist also das Jetzt.

Unter Umständen fällt es dir schwer zu erkennen, dass die Zeit die Ursache deiner Probleme und deines Leidens ist. Du glaubst, sie seien durch bestimmte Lebenssituationen bedingt, und aus konventioneller Sicht stimmt das auch. Aber solange du dich nicht mit der tiefer liegenden geistigen Störung auseinander setzt, die deine Probleme verursacht – dem Anhaften an Vergangenheit und Zukunft und der Verleugnung des Jetzt –, sind die Probleme im Grunde austauschbar.

Wenn alle Probleme oder alle eingebildeten Ursachen deines Unglücks und deiner Leiden heute auf wunderbare Weise von dir genommen würden, du jedoch noch nicht bewusster und gegenwärtiger geworden wärst, würdest du bald wieder von ähnlichen Problemen und Leidensursachen heimgesucht werden, als wäre dir ein Schatten auf die Fersen geheftet. Letzten Endes gibt es nur ein einziges Problem: den an der Zeit hängenden Verstand.

Es gibt keine Erlösung in der Zeit. Die Zukunft macht dich nicht frei.

Gegenwärtigkeit ist der Schlüssel zur Freiheit, du kannst also nur jetzt frei sein.

Das Leben unter der Oberfläche der Lebensumstände finden

Was du dein »Leben« nennst, müsstest du eigentlich als deine »Lebensumstände« bezeichnen. Es ist die psychologische Zeit: Vergangenheit und Zukunft. Gewisse Dinge sind in der Vergangenheit nicht so gelaufen, wie du es dir gewünscht hättest. Du sträubst dich noch immer gegen das, was in der Vergangenheit geschehen ist, und jetzt widersetzt du dich dem, was ist. Hoffnung hält dich in Gang, aber die Hoffnung lenkt dein Augenmerk auf die Zukunft, und diese fortgesetzte Ausrichtung verstärkt unablässig deine Abwehrhaltung gegen das Jetzt und damit zugleich dein Leid.

Vergiss deine Lebensumstände für ein Weilchen und schenke deinem Leben Aufmerksamkeit.
Deine Lebensumstände sind nur in der Zeit existent.
Dein Leben spielt sich jetzt ab.
Deine Lebensumstände sind an dein Denken gebunden. Dein Leben ist die Wirklichkeit.
Suche nach der »engen Pforte, die zum Leben führt«. Sie heißt »Jetzt«. Konzentriere dein Leben auf diesen Augenblick. Auch wenn deine Lebensumstände sehr problematisch sind, wie es meistens der Fall ist, solltest du herausfinden, ob du im jetzigen Augenblick irgend-

ein Problem hast. Nicht in zehn Minuten oder morgen, sondern jetzt. Hast du in diesem Augenblick ein Problem?

Wenn du voller Probleme bist, gibt es keinen Raum für etwas Neues, keinen Raum für eine Lösung. Schaffe also, wann immer es dir möglich ist, Luft, schaffe Raum, damit du das Leben unter der Oberfläche deiner Lebensumstände findest.

Mach von all deinen Sinnen Gebrauch. Sei, wo du bist. Schau um dich. Schau einfach nur, ohne zu interpretieren. Sieh das Licht, die Formen, die Farben, die Strukturen. Werde der stillen Gegenwart aller Dinge gewahr. Werde des Raums gewahr, der allem ermöglicht, zu sein.
Lausche auf die Geräusche; beurteile sie nicht. Lausche auf die Stille hinter den Geräuschen.
Berühre etwas – irgendetwas –, fühle sein Dasein und nimm es zur Kenntnis.
Achte auf den Rhythmus deines Atems; fühle, wie die Luft ein- und ausströmt, fühle die Lebensenergie in deinem Körper. Lass alles so sein, innen und außen. Lass das »Sosein« aller Dinge zu. Tauche tief in das Jetzt ein.

So lässt du die Welt der mentalen Abstraktionen, die Welt der Zeit, die dich abstumpft, hinter dir. Du kommst von dem kranken Denken los, das dich deiner Lebenskraft beraubt und darüber hinaus langsam die Erde vergiftet und zerstört. Du erwachst aus dem Traum der Zeit zur Gegenwart.

Alle Probleme sind Einbildung

Konzentriere deine Aufmerksamkeit auf das Jetzt und sag mir, welches Problem du in diesem Augenblick hast.

Ich höre nichts von dir, weil du nämlich unmöglich ein Problem haben kannst, wenn deine Aufmerksamkeit ganz auf das Jetzt gerichtet ist. Eine Situation erfordert, dass du dich entweder mit ihr auseinander setzt oder sie hinnimmst. Warum ein Problem daraus machen?

Dein Verstand liebt Probleme, ohne sich dessen bewusst zu sein, weil du dadurch so etwas wie eine Identität erhältst. Das ist normal und zugleich ist es verrückt. »Problem« bedeutet, geistig in einer Situation zu verharren, ohne wirklich die Absicht oder Möglichkeit zu haben, sofort entsprechend zu handeln; und es bedeutet, unbewusst einen Teil deines Selbstgefühls daraus zu machen. Du lässt dich so von deinen Lebensumständen beherrschen, dass du dein Lebensgefühl, deinen Sinn für das Sein verlierst. Oder du hast irrsinnigerweise Hunderte von Dingen im Kopf, die du in Zukunft erledigen willst oder sollst und die dich so belasten, dass du deine Aufmerksamkeit nicht auf die eine Sache konzentrieren kannst, die du gerade tust.

> **Wenn du ein Problem schaffst,** verursachst du Schmerz. Dabei ist die Wahl im Grunde ganz leicht, denn du brauchst nur die einfache Entscheidung zu treffen: Ich werde mir keinen Schmerz mehr bereiten, was auch geschehen mag. Ich werde keine Probleme mehr schaffen.

Diese Entscheidung ist zwar einfach, aber auch radikal. Du wirst diese Entscheidung nur fällen, wenn du das Leiden satt bist, wenn du wirklich genug davon hast. Und du wirst sie nicht ausführen können, wenn du dir nicht die Kraft des Jetzt zunutze machst. Wenn du dir selbst keinen Schmerz mehr bereitest, fügst du auch anderen keinen Schmerz mehr zu. Außerdem verschmutzt du dann nicht länger die schöne Erde, deine Innenwelt und die kollektive menschliche Seele mit der Negativität des Problemeaufwerfens.

Sollte sich eine Situation ergeben, mit der du jetzt sofort umgehen musst, wirst du klar und präzise handeln können, wenn du es im Bewusstsein des gegenwärtigen Augenblicks tust. Es wird wahrscheinlich auch effektiver sein. Dann ist es nämlich keine Reaktion mehr, die der vergangenen Konditionierung deines Denkens entspringt, sondern eine intuitive, spontane Antwort auf die betreffende Situation. Zu anderen Gelegenheiten, bei denen der zeitabhängige Verstand sogleich reagieren würde, wirst du es effektiver finden, gar nichts zu tun – bleibe einfach gesammelt im Jetzt.

Die Freude des Seins

Es gibt ein einfaches Kriterium, um dir bewusst zu machen, dass du dich von der psychischen Zeit hast vereinnahmen lassen.

> **Frage dich:** Tue ich das, was ich gerade tue, leicht, unbeschwert und voller Freude? Wenn nicht, ist der gegenwärtige Augenblick von Zeit überlagert, sodass du das Leben als Mühe und Last empfindest.
> Wenn du das, was du tust, nicht leicht, unbeschwert und voller Freude tust, heißt das nicht unbedingt, dass du lieber etwas anderes tun solltest. Unter Umständen genügt es, das »Wie« zu ändern. Das »Wie« ist immer wichtiger als das »Was«. Sieh zu, ob du dich nicht acht-

samer auf dein Tun konzentrieren kannst, statt an das Ergebnis zu denken, das du damit erzielen willst. Sei mit gesammelter Aufmerksamkeit bei dem, was dir der Augenblick bietet. Dazu gehört auch, dass du voll und ganz akzeptierst, was ist, denn du kannst dich nicht mit ungeteilter Aufmerksamkeit auf etwas konzentrieren, das dir eigentlich widerstrebt.

Sobald du den gegenwärtigen Augenblick zu würdigen weißt, bleibt nichts mehr von Unglück und Kampf übrig, und schon beginnt das Leben leicht und freudig zu fließen. Wenn du im Bewusstsein des gegenwärtigen Augenblicks handelst, wird alles, was du tust, von Bedeutung, Sorgfalt und Liebe durchdrungen – selbst die einfachste Verrichtung.

Sorge dich nicht um die Früchte deines Handelns – sei mit deiner Aufmerksamkeit einfach nur bei dem, was du gerade tust. Frucht trägt es von ganz allein. Das ist eine sehr wirksame spirituelle Übung.

Wenn sich das zwanghafte Verlangen legt, vom Jetzt wegzustreben, fließt die Freude des Seins in alles hinein, was du tust. In dem Augenblick, in dem du deine Aufmerksamkeit dem Jetzt zuwendest, spürst du Präsenz, Stille und Frieden. Du schaust nicht länger auf die Zukunft, um dort Befriedigung und Erfüllung zu finden – du suchst dort nicht mehr nach Erlösung. Infolgedessen bist du auch nicht mehr auf Ergebnisse fixiert. Weder Erfolg noch Misserfolg haben die Macht, deinen inneren Seinszustand zu erschüttern. Du hast das Leben hinter deinen Lebensumständen gefunden.

Wenn es keine psychische Zeit mehr gibt, beziehst du dein Selbstgefühl aus dem Sein statt aus deiner persönlichen Vergangenheit. Dann ist das psychische Bedürfnis, jemand anders zu sein, als du bereits bist, nicht mehr da. In der Welt, auf der Ebene deiner Lebensumstände, magst du tatsächlich reich werden, Kenntnisse erwerben, Erfolg haben und frei sein von allem Möglichen, aber in der tieferen Dimension des Seins fehlt es dir schon jetzt an nichts, bist du heil und ganz.

Die Zeitlosigkeit des Bewusstseins

Wenn jede Zelle deines Körpers so gegenwärtig ist, dass sie vor Leben pulsiert, und wenn du dieses Leben jeden Augenblick als Daseinsfreude empfinden kannst, dann kann man sagen, dass du frei bist von Zeit. Von Zeit frei zu sein heißt, frei von dem psychischen Bedürfnis zu sein, seine Identität aus der Vergangenheit zu beziehen und seine Erfüllung in der Zukunft zu suchen. Es ist die tiefgreifendste Transformation des Bewusstseins, die man sich vorstellen kann.

Sobald du einmal erste flüchtige Einblicke in den zeitlosen Zustand des Bewusstseins genommen hast, fängst du an, zwischen den Dimensionen von Zeit und Gegenwart hin und her zu wechseln. Zuerst wird dir bewusst, wie selten deine Aufmerksamkeit wirklich auf das Jetzt konzentriert ist. Aber allein die Einsicht, dass du nicht gegenwärtig bist, ist schon ein großer Erfolg: Diese Erkenntnis ist Gegenwärtigkeit, selbst wenn sie anfangs nur ein paar Sekunden messbarer Zeit dauert, ehe sie wieder verschwindet.

Nach und nach wirst du immer häufiger dein Bewusstsein auf den gegenwärtigen Augenblick konzentrieren statt auf die Vergangenheit oder Zukunft. Wenn du merkst, dass du dem Jetzt entschlüpft bist, wirst du nicht nur wenige Sekunden, sondern immer länger im Jetzt verweilen können – auch gemessen an der äußeren Uhrzeit.

Bevor du also fest im Gegenwärtigsein verankert bist oder, anders ausgedrückt, bevor du voll bewusst bist, wechselst du eine Zeit lang hin und her zwischen Bewusstheit und Unbewusstheit, zwischen dem Gegenwärtigsein und der Identifikation mit deinen mentalen Funktionen. Du verlierst das Jetzt und kehrst wieder zu ihm zurück, immer und immer wieder. Allmählich aber wird die Gegenwärtigkeit vorherrschen.

4 Die Unbewusstheit aufheben

Es ist wichtig, mehr Bewusstheit in dein Leben zu bringen, wenn alles verhältnismäßig glatt geht. Auf diese Weise bekommst du mehr Kraft im Gegenwärtigsein. In dir und um dich herum entsteht ein Energiefeld von hoher Schwingungsfrequenz. In dieses Feld können Unbewusstheit und Negativität, Missklang und Gewalt nicht eindringen, ebenso wie Dunkelheit keinen Bestand hat in Gegenwart von Licht.

Wenn du lernst, Beobachter deiner Gedanken und Gefühle zu sein und damit die Grundvoraussetzung für das Gegenwärtigsein erwirbst, wirst du voller Staunen zum ersten Mal das Hintergrundrauschen der gewöhnlichen Unbewusstheit wahrnehmen und merken, wie selten, wenn überhaupt jemals, du wirklich innerlich unbekümmert bist.

Auf der Ebene des Denkens wirst du eine Menge Widerstand in Form von Urteilen, Unzufriedenheit und mentalen Projektionen antreffen, die dich vom Jetzt fern halten. Auf emotionaler Ebene lauern unterschwellig Unbehagen, Anspannung, Langeweile und Nervosität. Beides sind Aspekte des Denkens in seinem gewohnheitsmäßigen Widerstandsmodus.

Beobachte, auf wie vielerlei Art Unbehagen, Unzufriedenheit und Anspannung in dir wach werden durch unnötiges Urteilen, Widerstand gegen das, was ist, und Ablehnung des Jetzt.
Alles Unbewusste löst sich auf, wenn du das Licht des Bewusstseins darauf scheinen lässt.

Wenn du erst weißt, wie du die gewöhnliche Unbewusstheit auflösen kannst, wird das Licht deiner Gegenwärtigkeit hell leuchten, und dann wird es viel leichter für dich sein, auch mit der tieferen Unbewusstheit fertig zu werden, wann immer du ihre Anziehungskraft spürst. Die gewöhnliche Unbewusstheit ist allerdings anfangs nicht gerade leicht zu entlarven, da sie so normal ist.

Mache es dir zur Gewohnheit, deinen mentalen und emotionalen Zustand durch Selbstbeobachtung zu überwachen.
»Fühle ich mich in diesem Augenblick wohl?« Das ist eine gute Frage, die du dir oft stellen solltest.
Oder du fragst dich: »Was geht in diesem Augenblick in mir vor?«

Zeige mindestens ebenso viel Interesse an dem, was in deinem Innern vorgeht, wie an dem, was in der Außenwelt geschieht. Wenn dein Inneres stimmt, kommt auch das Äußere ins Lot. Die primäre Wirklichkeit ist innen, die sekundäre außen.

Beantworte diese Fragen jedoch nicht sofort. Lenke erst deine Aufmerksamkeit nach innen. Wirf einen Blick in dein Inneres.
Was für Gedanken entstehen gerade in deinem Geist?
Was fühlst du?
Richte deine Aufmerksamkeit auf deinen Körper. Bist du irgendwo angespannt?
Wenn du dabei entdeckst, dass untergründig ein leises Unbehagen vorhanden ist – das Hintergrundrauschen –, solltest du nachforschen, inwiefern du gerade dem Leben ausweichst, ihm Widerstand leistest oder es ablehnst und dabei das Jetzt verleugnest.

Die Menschen widersetzen sich unbewusst auf verschiedenste Art dem gegenwärtigen Augenblick. Durch Übung wirst du deine Selbstbeobachtung, die Überwachung deiner Innenwelt, allmählich schärfen.

Sei total da, wo du gerade bist

Stehst du unter Stress? Hast du es so eilig, die Zukunft zu erreichen, dass die Gegenwart dir nur noch als Mittel dient, dorthin zu kommen? Stress wird dadurch verursacht, dass du »hier« bist, während du eigentlich »dort« sein möchtest, dass du in der Gegenwart bist, dich jedoch nach der Zukunft sehnst. Das ist eine Spaltung, die dich innerlich zerreißt.

Nimmt die Vergangenheit einen Großteil deiner Aufmerksamkeit in Anspruch? Denkst du häufig daran und sprichst du oft davon, sei es positiv oder negativ? Von den großen Leistungen, die du vollbracht hast, von Abenteuern und Erfahrungen? Oder erzählst du von deiner Opferrolle, von all dem Schrecklichen, das dir angetan worden ist, oder vielleicht auch von dem, was du jemand anderem angetan hast?

Erregen deine Gedanken Schuldgefühle, Stolz, Widerwillen, Wut, Reue oder Selbstmitleid bei dir? Dann stärkst du nicht nur ein falsches Selbstgefühl, sondern trägst außerdem dazu bei, dass dein Körper schneller altert, weil sich in deiner Psyche die Vergangenheit akkumuliert. Stelle selber fest, ob das zutrifft, indem du andere in deinem Umkreis beobachtest, die stark dazu neigen, sich an die Vergangenheit zu klammern.

Gib die Vergangenheit in jedem Augenblick auf. Du brauchst sie nicht. Beziehe dich nur auf sie, wenn es für die Gegenwart absolut notwendig ist. Spüre die Kraft des gegenwärtigen Augenblicks und die Fülle des Seins. Fühle deine eigene Gegenwärtigkeit.

Machst du dir Sorgen? Denkst du oft: »Was wäre, wenn ...?« Dann identifizierst du dich mit deinem Denken, und die erdachten Zukunftsprojektionen erregen in dir Angst. Mit einer solchen Situation kannst du nicht umgehen, weil sie gar nicht existiert. Sie ist ein gedankliches Phantom.

Mit diesem Wahnsinn, der deine Gesundheit und dein Leben ruiniert, kannst du aufhören, indem du einfach den gegenwärtigen Augenblick anerkennst.

Werde dir deiner Atmung bewusst. Spüre, wie die Luft in den Körper ein- und wieder ausströmt. Fühle dein inneres Energiefeld. Alles, mit dem du dich im wirklichen Leben je befassen und auseinander setzen musst, besteht – im Gegensatz zu den rein fiktiven mentalen Projektionen – nur im jetzigen Augenblick.

Frage dich, welches »Problem« du in diesem Moment gerade hast – nicht morgen, in fünf Minuten oder nächstes Jahr, sondern jetzt gerade. Was stimmt in diesem Augenblick nicht?

Mit dem Jetzt kommst du immer klar, während du mit der Zukunft nichts anfangen kannst und auch gar nicht musst. Lösungen, Möglichkeiten zum richtigen Handeln, Kraft und benötigte Mittel werden sich ergeben, wenn sie gebraucht werden, nicht früher und nicht später.

Bist du jemand, der aus Gewohnheit oft wartet? Wie viel von deinem Leben verbringst du mit Warten? Zum »kleinen Warten« zähle ich das Warten in einer Schlange am Postschalter, im Verkehrsstau, am Flughafen, das Warten auf die Ankunft von jemandem, auf den Feierabend usw. Unter »großem Warten« verstehe ich das Warten auf den nächsten Urlaub, auf eine bessere Arbeitsstelle, auf das Erwachsenwerden der Kinder, auf eine wirklich gute Beziehung, auf Erfolg, auf mehr Geld, auf Ansehen, auf die Erleuchtung. Manche Leute warten ihr Leben lang darauf, dass ihr Leben endlich anfängt.

Warten ist eine Geisteshaltung. Es heißt eigentlich nichts anderes, als dass du die Zukunft ersehnst, während dir die Gegenwart nicht zusagt. Du bist nicht mit dem zufrieden, was du hast, sondern wünschst dir, was du nicht hast. Mit jeder Form des Wartens erzeugst du unbewusst einen Konflikt zwischen deinem Hier und Jetzt, an dem dir nichts liegt, und der erdachten Zukunft mit ihren Projektionen, die du ersehnst. Dadurch wird die Qualität deines Lebens stark herabgesetzt, denn die Gegenwart entgleitet dir.

Zum Beispiel warten viele Menschen auf Wohlstand. Der stellt sich aber nicht in der Zukunft ein. Wenn du deine gegenwärtige Wirklichkeit – wo du bist, wer du bist und was du gerade tust – zu würdigen weißt und sie voll und ganz akzeptierst, wenn du voll und ganz mit dem einverstanden bist, was du hast, dann bist du dankbar für das, was du hast, für das, was ist, für das Sein. Wahrer Wohlstand liegt in der Dankbarkeit für den gegenwärtigen Augenblick und die Fülle des Lebens jetzt. Er kann sich nicht erst in der Zukunft einstellen. Nach und nach wird er sich dir auf vielerlei Art offenbaren.

Wenn du unzufrieden bist mit dem, was du hast, oder sogar frustriert und wütend bist, weil dir augenblicklich etwas fehlt, wird dich das vielleicht dazu motivieren, reich zu werden, aber selbst als Millionär wirst du weiterhin innerlich Mangel leiden und keine Erfüllung finden. Unter Umständen machst du zwar viele spannende Erfahrungen, die für Geld zu haben sind, aber sie kommen und gehen und hinterlassen bei dir stets ein Gefühl der Leere, sodass du dich physisch und psychisch mit etwas Neuem trösten musst. Du willst nicht im Sein verweilen und kannst daher auch nicht die Fülle des Lebens im jetzigen Augenblick genießen, die der einzig wahre Wohlstand ist.

Gib das Warten als Geisteshaltung auf. Wenn du dich dabei ertappst, wie du zu warten anfängst ... reiß dich da raus und komm in den gegenwärtigen Augenblick. Sei einfach da und freu dich des Daseins. Wenn du gegenwärtig bist, besteht nie ein Grund, auf irgendetwas zu warten.

Wenn also das nächste Mal jemand sagt: »Tut mir Leid, dass ich dich warten lassen habe«, kannst du antworten: »Schon gut, ich habe nicht gewartet. Ich habe einfach hier gestanden und mich gefreut – mich an mir selbst gefreut.«

Das sind nur einige der Strategien gewöhnlicher Unbewusstheit, mit denen der Verstand üblicherweise den gegenwärtigen Augenblick verleugnet. Sie sind leicht zu übersehen, weil sie so sehr ins tägliche Leben integriert sind: als Hintergrundrauschen andauernder Unzufriedenheit. Aber je mehr du dich darin übst, deinen inneren mental-emotionalen Zustand zu überwachen, umso schneller wirst du es merken, wenn du wieder einmal unbewusst der Vergangenheit oder Zukunft auf den Leim gegangen bist, und aus dem Traum der Zeit zur Gegenwart erwachen.

Aber aufgepasst: Das falsche, unglückliche Selbst, das sich über das Denken definiert, lebt von Zeit. Es weiß, dass der gegenwärtige Augenblick seinen Tod bedeutet, und fühlt sich natürlich stark bedroht. Deshalb wird es alles in seiner Macht Stehende tun, um dich aus dem Jetzt herauszuholen und dich in der Zeit gefangen zu halten.

In gewissem Sinne kann man das Gegenwärtigsein mit dem Warten vergleichen. Es ist eine qualitativ andere Art von Warten, die absolute Wachsamkeit erfordert. Jeden Augenblick kann etwas geschehen, und wenn du nicht vollkommen wach, vollkommen still bist, wirst du es verpassen. In diesem Zustand ist deine Aufmerksamkeit vollständig auf das Jetzt konzentriert. Da bleibt nichts mehr, um Tagträumen nachzuhängen, zu grübeln, sich zu erinnern oder etwas vorauszuahnen. Es gibt weder Anspannung noch Angst, nur wachsame Gegenwärtigkeit. Du bist mit deinem ganzen Wesen, mit jeder Zelle deines Körpers gegenwärtig.

In diesem Zustand ist das »Ich«, das Vergangenheit und Zukunft hat, die Persönlichkeit, wenn du so willst, kaum noch da. Trotzdem ist nichts Wertvolles verloren gegangen. Du bist noch immer im Wesentlichen du selbst. Du bist sogar noch mehr du selbst als je zuvor, anders gesagt: Erst jetzt bist du wirklich ganz du selbst.

Die Vergangenheit kann in deiner Gegenwart nicht bestehen

Alles, was du über die unbewusste Vergangenheit in dir wissen musst, werden die Herausforderungen der Gegenwart ans Licht bringen. Wenn du dich in der Vergangenheit vergräbst, wird sie zum bodenlosen Abgrund: Immer mehr kommt hoch. Du denkst vielleicht, dass du mehr Zeit brauchst, um die Vergangenheit zu verstehen oder dich von ihr zu befreien, glaubst also, irgendwann durch die Zukunft von der Vergangenheit befreit zu werden. Das ist eine Täuschung. Nur die Gegenwart kann dich von der Vergangenheit befreien. Durch mehr Zeit wirst du nicht frei von Zeit.

Nutze die Kraft des Jetzt. Das ist der Schlüssel. Die Kraft des Jetzt ist nichts anderes als die Kraft deines Gegenwärtigseins, deiner von Gedankenformen befreiten Bewusstheit. Nimm dich also deiner Vergangenheit nur auf der Ebene der Gegenwart an. Je mehr Aufmerksamkeit du der Vergangenheit schenkst, umso mehr Energie führst du ihr zu und umso größer ist die Wahrscheinlichkeit, dass du ein »Selbst« daraus machst.

Missversteh mich bitte nicht: Aufmerksamkeit ist entscheidend, aber nicht, wenn sie der Vergangenheit als Vergangenheit gewidmet wird. Richte deine Aufmerksamkeit auf die Gegenwart; richte deine Aufmerksamkeit auf dein Verhalten, deine Reaktionen, deine Stimmungen, Gedanken, Emotionen, Ängste und Wünsche, so wie sie in der Gegenwart auftauchen. Das ist die Vergangenheit in dir. Wenn du gegenwärtig genug bist, um all diese Dinge zu beobachten, ohne dabei Kritik zu üben, zu analysieren oder zu werten, nimmst du dich deiner Vergangenheit an und löst sie durch die Kraft deiner Gegenwärtigkeit auf.

Du wirst dich nicht finden, wenn du in die Vergangenheit zurückgehst. Du kannst dich nur in der Gegenwart finden.

5 Schönheit erblüht in der Stille deiner Gegenwart

Gegenwärtigkeit ist nötig, um die Schönheit, die Majestät, die Heiligkeit der Natur wahrzunehmen. Hast du je in einer klaren Nacht in die Unendlichkeit des Raums geblickt, tief ergriffen von seiner Unermesslichkeit und seiner absoluten Stille? Hast du je auf das Rauschen eines Gebirgsbachs gelauscht, wirklich gelauscht? Oder auf den Gesang einer Amsel in der Dämmerung eines stillen Sommerabends?

Um solche Dinge wahrnehmen zu können, muss der Geist still sein. Du musst für eine Weile deine persönliche Bürde an Problemen, an Vergangenem und Zukünftigem, ablegen und all dein Wissen vergessen, denn sonst wirst du schauen und trotzdem nichts sehen, lauschen und trotzdem nichts hören. Totale Gegenwärtigkeit ist nötig.

Jenseits der Schönheit der äußeren Erscheinungsformen liegt noch etwas verborgen: etwas, das nicht benannt werden kann, etwas Unbeschreibliches, ein tiefinnerstes heiliges Wesen. Alle Schönheit, wann und wo auch immer, leuchtet gewissermaßen aus diesem inneren Wesen.

Es offenbart sich dir nur, wenn du ganz gegenwärtig bist.
Könnte es sein, dass dieses namenlose Wesen und deine Gegenwärtigkeit ein und dasselbe sind?
Wäre es ohne deine Gegenwart überhaupt da?
Versenke dich tief hinein. Finde es selbst heraus.

Das reine Bewusstsein erkennen

Wann immer du dein Denken beobachtest, ziehst du dein Bewusstsein aus den Gedankenformen ab, und es wird dann zu dem, was wir den Beobachter oder Zeugen nennen. Dabei wird der Beobachter – das reine Bewusstsein jenseits der Form – immer stärker, und die Gedankenformen werden entsprechend schwächer.

Wenn wir von der Beobachtung des Denkens sprechen, machen wir damit etwas zu einer persönlichen Angelegenheit, das eigentlich kosmische Ausmaße hat: Durch dich erwacht das Bewusstsein aus seiner erträumten Identifikation mit den Formen und zieht sich aus ihnen zurück. Damit wird es Teil eines Ereignisses, das sich bereits andeutet, obwohl es dem chronologischen Zeitablauf nach wahrscheinlich noch in ferner Zukunft liegt. Dieses Ereignis ist nichts anderes als das Ende der Welt.

Um im täglichen Leben gegenwärtig zu bleiben, hilft es dir, tief im eigenen Innern verwurzelt zu sein; sonst wird dich deine Geistestätigkeit, die eine unglaubliche Eigendynamik hat, mitreißen wie ein rauschender Strom.
Du musst also ganz in deinem Körper wohnen. Ein Teil deiner Aufmerksamkeit muss immer auf das innere Energiefeld deines Körpers konzentriert sein. Du musst den Körper sozusagen von innen spüren. Das Körperbewusstsein hält deine Gegenwärtigkeit wach. Es verankert dich im Jetzt.

Der Körper, den du sehen und berühren kannst, vermag dich nicht ins Sein zu tragen. Aber dieser sicht- und greifbare Körper ist nur eine äußere Hülle, die eingeschränkte, verzerrte Wahrnehmung einer tieferen Wirklichkeit. Im natürlichen Zustand der Verbundenheit mit dem Sein ist diese tiefere Wirklichkeit in jedem Augenblick spürbar als unsichtbarer innerer Körper, als belebende Kraft in deinem Innern. Im Körper zu »wohnen« bedeutet also, den Körper von innen her zu fühlen, das Leben im Körper zu spüren und dadurch zu erfahren, dass du jenseits der äußeren Form bist.

Solange deine Aufmerksamkeit vollkommen vom Denken in Anspruch genommen wird, bist du vom Sein abgeschnitten. Wenn das geschieht – und bei den meisten Leuten geschieht es dauernd –, bist du nicht mehr in deinem Körper. Dein Bewusstsein wird vollständig von deiner Geistestätigkeit absorbiert und in Gedachtes verwandelt. Du kannst nicht aufhören zu denken.

Wenn du dir des Seins bewusst werden willst, bleibt dir nichts anderes übrig, als das Bewusstsein vom Verstand zurückzufordern. Das ist eine der wichtigsten Aufgaben auf der spirituellen Reise. Große Bewusstseinsbereiche werden dabei freigesetzt, die bisher in fruchtlosem, zwanghaftem Denken befangen waren. Eine besonders effektive Methode, um dies zu erreichen, ist die, einfach deine Aufmerksamkeit vom Denken abzuziehen und ins Innere deines Körpers zu lenken, wo du sogleich das Sein als unsichtbares Energiefeld spüren kannst, das dem, was du als physischen Körper empfindest, sein Leben gibt.

Verbindung mit dem inneren Körper aufnehmen

Bitte probiere es sofort aus. Vielleicht hilft es dir, bei dieser Übung die Augen zu schließen. Später, wenn das Im-Körper-Sein dir ganz leicht und natürlich geworden ist, ist das nicht mehr nötig.

Konzentriere deine Aufmerksamkeit im Innern deines Körpers. Fühle den Körper von innen. Ist er lebendig? Ist Leben in deinen Händen, Armen, Beinen und Füßen? In deinem Unterleib und in deiner Brust?
Kannst du das feine Energiefeld spüren, das den gesamten Körper durchdringt und jedes Organ, jede Zelle mit pulsierendem Leben erfüllt? Kannst du es als ein einziges Energiefeld in allen Teilen deines Körpers zugleich fühlen?
Konzentriere dich ein paar Augenblicke darauf, wie sich dein innerer Körper anfühlt. Denk nicht darüber nach. Fühle es.

Je mehr Aufmerksamkeit du diesem Gefühl zuwendest, um so klarer und stärker wird es. Du wirst das Empfinden haben, als würde jede einzelne Zelle lebendiger werden, und wenn du visuell veranlagt bist, wirst du dir sogar ausmalen können, wie dein Körper aufleuchtet. Eine solche bildhafte Vorstellung kann vorübergehend von Nutzen sein, aber du solltest trotzdem mehr auf das Gefühl achten als auf irgendwelche aufsteigenden Bilder. Ein Bild, wie schön und kraftvoll es auch sein mag, ist bereits in seiner Form festgelegt und lässt dir daher weniger Spielraum dafür, tiefer einzudringen.

Tief in den Körper hineingehen

Um noch tiefer in den Körper vorzudringen, kannst du die folgende Meditation machen. 10 bis 15 Minuten der gemessenen Zeit dürften genügen.

Sorge zuerst dafür, dass du nicht von äußeren Ablenkungen gestört wirst wie etwa Telefongeklingel oder Menschen, die etwas von dir wollen. Setze dich auf einen Stuhl, ohne dich anzulehnen. Halte die Wirbelsäule gerade. Das wird dir helfen, wachsam zu bleiben. Du kannst natürlich auch deine gewohnte Meditationshaltung einnehmen.

Achte darauf, dass du körperlich entspannt bist. Schließe die Augen. Hole ein paarmal tief Luft. Spüre, wie du in den Unterleib hineinatmest. Beobachte, wie er sich leicht ausdehnt und wieder zusammenzieht, während du ein- und ausatmest.

Werde dir des gesamten inneren Energiefeldes deines Körpers bewusst. Denk nicht darüber nach – fühle es. Dadurch forderst du dein Bewusstsein vom Verstand zurück. Falls es dir etwas nützt, kannst du auch von der eben beschriebenen »Licht«-Visualisation Gebrauch machen.

Wenn du den inneren Körper deutlich als ein einziges inneres Energiefeld fühlst, lass nach Möglichkeit von jeglicher bildhaften Vorstellung ab und konzentriere dich ausschließlich auf das Gefühl. Lass möglichst auch alle Vorstellungen fahren, die du vielleicht noch immer vom physischen Körper hast. Jetzt dürfte nur noch ein allumfassendes Gefühl von Gegenwärtigkeit oder »Sosein« übrig sein, und der innere Körper kann in seiner Grenzenlosigkeit erfahren werden.

Konzentriere deine Aufmerksamkeit noch stärker auf dieses Gefühl. Werde eins damit. Verschmelze mit dem Energiefeld, sodass die scheinbare Dualität zwischen Beobachter und dem Beobachteten, zwischen dir und dem Körper, aufgehoben ist. Auch der Unterschied zwischen innen und außen löst sich jetzt auf, sodass kein innerer Körper mehr da ist. Dadurch, dass du tief in den Körper eingedrungen bist, hast du ihn transzendiert.

Bleibe in diesem Bereich reinen Seins, solange es dir gefällt; werde dir dann allmählich wieder deines physischen Körpers bewusst, deiner Atmung und deiner Sinne, und öffne die Augen. Lass deinen Blick ein paar Minuten lang meditativ auf den Dingen in deinem Umkreis ruhen, ohne sie im Geiste zu etikettieren, und verweile dabei im Gefühl deines inneren Körpers.

Der Zugang zu diesem Bereich des Formlosen ist wahrhaft befreiend. Er befreit dich davon, der Form verhaftet zu bleiben und dich mit ihr zu identifizieren. Wir können das Formlose das Nichtmanifeste nennen, den unsichtbaren Ursprung aller Dinge, das Sein in allem Lebendigen. Es ist ein Bereich der tiefen Stille und des Friedens, aber auch der Freude und einer intensiven Lebendigkeit. Wann immer du gegenwärtig bist, wirst du gewissermaßen durchlässig für das Licht, das reine Bewusstsein, das von dieser Quelle ausgeht. Und du wirst gewahr, dass dieses Licht nicht von dem getrennt ist, der du bist, sondern dein innerstes Wesen ausmacht.

Wenn dein Bewusstsein nach außen gerichtet ist, entstehen Welt und Geistesaktivitäten. Wenn es nach innen gerichtet ist, erkennt es seinen eigenen Ursprung und kehrt heim ins Nichtmanifeste.

Bei der Rückkehr deines Bewusstseins zur manifesten Welt nimmst du die Identität mit der Form wieder an, die du vorübergehend aufgegeben hattest. Dann hast du wieder einen Namen, eine Vergangenheit, bestimmte Lebensumstände und eine Zukunft. Aber in einem entscheidenden Punkt bist du nicht mehr dieselbe Person wie vorher: Du hast inzwischen in dir eine Wirklichkeit erschaut, die nicht »von dieser Welt« ist, obwohl sie ebenso wenig davon zu trennen ist wie von dir.

Mache nun die folgende spirituelle Übung:

Wende, während du dein Leben lebst, nicht hundert Prozent deiner Aufmerksamkeit der Außenwelt und deinem Denken zu. Lenke einen Teil davon nach innen. Fühle den inneren Körper auch während deiner alltäglichen Aktivitäten und ganz besonders in deinen zwischenmenschlichen Beziehungen oder in deinem Kontakt zur Natur. Spüre die Stille im tiefsten Innern. Halte das Tor offen.

Es ist durchaus möglich, sich sein Leben lang des Nichtmanifesten bewusst zu sein. Du spürst es unterschwellig als tiefes Gefühl des Friedens, als eine Stille, die dich nie verlässt, was immer auch da draußen geschehen mag. Du wirst zur Brücke zwischen dem Nichtmanifesten und dem Manifesten, zwischen Gott und der Welt.

Das ist der Zustand der Verbundenheit mit dem Ursprung, den wir Erleuchtung nennen.

Schlage tiefe Wurzeln im Innern

Entscheidend ist, in ständiger Verbundenheit mit dem inneren Körper zu sein – diesen Körper immerfort zu fühlen. Das wird dein Leben rasch vertiefen und verwandeln. Je mehr Bewusstsein du dem inneren Körper zuwendest, umso höher wird dessen Schwingungsfrequenz, ähnlich wie Licht heller wird, wenn du den Dimmer hoch drehst und dadurch den Strom verstärkst. Auf dieser höheren energetischen Ebene kann dich nichts Negatives mehr beeinflussen, vielmehr werden sich neue Umstände ergeben, die dieser höheren Frequenz entsprechen.

Wenn du mit deiner Aufmerksamkeit so viel wie möglich im Körper weilst, verankerst du dich im Jetzt. Dann verlierst du dich weder in der Außenwelt noch im Denken. Einige Gedanken und Emotionen, Ängste und Wünsche werden vielleicht noch vorhanden sein, aber sie werden dich nicht mehr beherrschen.

Finde bitte heraus, wo deine Aufmerksamkeit in diesem Augenblick ist. Du liest gerade das, was ich zu sagen habe, in diesem Buch. Das steht im Mittelpunkt deiner Aufmerksamkeit. Am Rande umfasst dein Bewusstsein auch deine Umgebung, andere Leute usw. Und außerdem entstehen vielleicht noch Geistesaktivitäten und gedankliche Kommentare zu dem, was du gerade liest. Aber es ist nicht nötig, dass all dies deine ganze Aufmerksamkeit in Anspruch nimmt. Sieh einmal, ob du gleichzeitig mit deinem inneren Körper in Berührung bleiben kannst. Halte einen Teil deiner Aufmerksamkeit in deinem Inneren, lass nicht alles nach außen strömen. Fühle deinen Körper von innen als ein einziges

Energiefeld. Es ist fast so, als würdest du mit deinem ganzen Körper lesen oder zuhören. Übe dich in den nächsten Tagen und Wochen darin.

Widme dem Denken und der Außenwelt nicht deine ganze Aufmerksamkeit. Konzentriere dich jedenfalls auf das, was du gerade tust, aber fühle nach Möglichkeit zugleich auch den inneren Körper. Bleibe in dir verwurzelt. Und achte darauf, wie das deinen Bewusstseinszustand und die Qualität dessen, was du tust, verändert.

Das Immunsystem stärken

Es gibt eine einfache, aber wirksame Meditation zur Selbstheilung, die du immer dann machen kannst, wenn du meinst, dass dein Immunsystem eine Stärkung braucht. Sie ist besonders wirksam bei den ersten Anzeichen einer Krankheit, hilft aber auch bei Erkrankungen, die sich schon eingenistet haben, sofern sie in kurzen Abständen und mit großer Konzentration geübt wird. Außerdem wirkt sie jeder Störung des Energiefeldes durch negative Einflüsse entgegen.

Sie ist allerdings kein Ersatz für die fortwährende Übung des Verankertseins im Körper; dabei würde ihre Wirkung nur kurze Zeit anhalten. Hier ist sie.

»Überschwemme« deinen Körper mit Bewusstsein, sobald du einmal ein paar Minuten nichts zu tun hast, vor allem aber am Abend kurz vor dem Einschlafen und morgens gleich nach dem Aufwachen. Schließe die Augen. Lege dich flach auf den Rücken. Nimm dir verschiedene Teile deines Körpers vor, auf die du zunächst deine Aufmerksamkeit kurz konzentrierst: Hände, Füße, Arme, Beine, Bauch, Brust, Kopf usw. Entwickle ein möglichst intensives Gefühl für die Lebensenergie in diesen Körperteilen. Verweile bei jedem Körperteil etwa 15 Sekunden.
Lass deine Aufmerksamkeit nun einige Male wie eine Welle durch den Körper laufen, von den Füßen zum Kopf und wieder zurück. Das braucht nur etwa eine Minute zu dauern. Fühle danach deinen inneren Körper in seiner Totalität als ein einziges Energiefeld. Bleibe ein paar Minuten bei diesem Gefühl.
Sei während dieser Zeit absolut gegenwärtig, sei in jeder Zelle deines Körpers gegenwärtig.

Lass dich nicht beirren, wenn es deinem Verstand gelegentlich gelingt, dich von deinem Inneren abzulenken, sodass du dich in Gedanken verlierst. Wende einfach, sobald du es merkst, deine Aufmerksamkeit wieder dem inneren Körper zu.

Den Verstand kreativ nutzen

Wenn du zu einem bestimmten Zweck von deinem Verstand Gebrauch machen musst, solltest du es in Verbindung mit deinem inneren Körper tun. Nur wenn du ohne Gedanken bewusst sein kannst, kannst du den Verstand schöpferisch nutzen, und diesen Zustand erreichst du am leichtesten durch deinen Körper.

Halte, wann immer du auf eine Antwort, eine Lösung oder eine kreative Idee wartest, einen Augenblick im Denken inne und konzentriere deine Aufmerksamkeit auf dein inneres Energiefeld. Werde der Stille gewahr. Wenn du dann wieder zu denken beginnst, ist dein Verstand frisch und kreativ. Mache es dir bei jeder Geistestätigkeit zur Gewohnheit, alle paar Minuten hin und her zu wechseln zwischen Denken und innerem Lauschen oder innerer Stille.

Anders ausgedrückt: Denke nicht bloß mit dem Kopf, denke mit dem ganzen Körper.

Lass dich vom Atem in den Körper führen

Sollte es dir einmal schwer fallen, den Kontakt zum inneren Körper herzustellen, wird es meist dadurch leichter, dass du dich zu Anfang auf die Atmung konzentrierst. Durch bewusstes Atmen, eine für sich allein schon sehr wirksame Meditation, wirst du allmählich mit dem Körper in Berührung kommen.

Folge aufmerksam deinem Atem, während er in deinen Körper ein- und wieder ausströmt. Atme in den Körper hinein und fühle, wie sich dein Bauch bei jedem Atemzug leicht ausdehnt und wieder zusammenzieht.
Wenn du visuell begabt bist, dann schließe die Augen und visualisiere dich inmitten von Licht oder einer leuchtenden Substanz – in einem Meer aus Bewusstsein. Atme dieses Licht nun ein. Fühle, wie die leuchtende Substanz deinen Körper anfüllt und ihn ebenfalls zum Leuchten bringt.
Konzentriere dich allmählich mehr auf das Gefühl. Halte nicht an irgendwelchen bildhaften Vorstellungen fest. Du bist jetzt in deinem Körper. Du hast zur Kraft des Jetzt gefunden.

Teil II
Beziehungen als spirituelle Übung

Die Liebe ist ein Seinszustand.
Deine Liebe ist nicht außerhalb von dir;
sie ist tief in deinem Innern.
Du kannst sie nie verlieren
und sie kann dich nie verlassen.
Sie ist von keinem anderen Körper,
keiner äußeren Form abhängig.

6 Den Schmerzkörper auflösen

Der überwiegende Teil menschlichen Schmerzes ist unnötig. Er ist selbst verursacht, solange du dein Leben vom unbeobachteten Verstand regieren lässt. Der Schmerz, den du jetzt erschaffst, ist immer eine Form des Nichtannehmenwollens, des unbewussten Widerstandes gegen das, was ist.

Auf gedanklicher Ebene äußert sich der Widerstand in Form von Beurteilung. Auf emotionaler Ebene äußert er sich als Negativität. Die Intensität des Schmerzes richtet sich nach dem Grad des Widerstandes gegen den gegenwärtigen Augenblick, und dieser wiederum hängt davon ab, wie stark du dich mit deinem Denken identifizierst. Das Denken versucht stets, das Jetzt zu leugnen und davor zu fliehen.

Mit anderen Worten: Je stärker du dich mit dem Denken identifizierst, umso mehr leidest du. Noch anders ausgedrückt: Je besser du in der Lage bist, das Jetzt anzuerkennen und zu würdigen, umso weniger Leid und Schmerz wirst du erfahren – und umso mehr wirst du dich vom Egogeist befreien.

Nach Meinung mancher spiritueller Lehren ist Schmerz im Grunde eine Illusion, und das ist wahr. Die

Frage ist nur: Ist es auch für dich die Wahrheit? Der bloße Glaube daran macht es nicht wahr. Willst du dein Leben lang Schmerzen leiden und behaupten, das sei alles Illusion? Wirst du durch deine Behauptung schmerzfrei sein? Es geht hier um die Frage, wie du diese Wahrheit Wirklichkeit für dich werden lassen kannst – wie du sie zu einer realen Erfahrung machst.

Schmerz ist unvermeidbar, solange du dich mit deinem Denken identifizierst, das heißt, solange du im spirituellen Sinne unbewusst bist. Ich spreche hier in erster Linie von emotionalem Schmerz, der zugleich die Hauptursache von physischem Schmerz und physischen Erkrankungen ist.

Von der leisesten Gereiztheit bis hin zu Groll, Hass, Selbstmitleid, Schuldgefühlen, Wut, Depression, Eifersucht usw. gibt es die verschiedensten Erscheinungsformen von Schmerz. Und jede Lust, jede emotionale Hochstimmung birgt schon im Keim den Schmerz in sich: als ihren untrennbaren Gegensatz, der sich in der Zeit manifestiert.

Jeder, der schon einmal Drogen genommen hat, um »high« zu werden, weiß, dass sich dieses Hochgefühl schließlich in ein Stimmungstief verkehrt, dass sich die Lust in eine Form von Schmerz verwandelt. Viele Menschen wissen aus eigener Erfahrung, wie leicht und schnell aus einer Beziehung, die anfangs eine Quelle der Lust war, eine Quelle des Schmerzes wird. Von einer höheren Perspektive aus sind die Gegenpole, ob negativ oder positiv, die beiden Seiten derselben Medaille und damit Teil des tiefer liegenden Schmerzes, der immer dann auftritt, wenn sich das Bewusstsein mit dem Egogeist identifiziert.

Es gibt zweierlei Arten von Schmerz: den Schmerz, den du in diesem Augenblick verursachst, und den Schmerz aus deiner Vergangenheit, der noch immer in deinem Geist und Körper lebendig ist.

Solange du unfähig bist, die Kraft des Jetzt zu nutzen, lässt jeder emotionale Schmerz, den du empfindest, einen Restschmerz zurück, der in dir weiterlebt. Dieser verschmilzt mit dem Schmerz aus der Vergangenheit, der schon da ist, und nistet sich in deinem Geist und Körper ein. Dazu gehören natürlich auch die Schmerzen, die du als Kind erlitten hast und die durch die Unbewusstheit der Welt verursacht worden sind, in die du hineingeboren wurdest.

Der Schmerz, der sich so angesammelt hat, ist ein negatives Energiefeld, das von deinem Körper und von deinem Geist Besitz ergreift. Wenn du ihn als ein selbstständiges unsichtbares Wesen betrachtest, kommst du der Wahrheit schon sehr nahe. Dies ist der emotionale Schmerzkörper.

Der Schmerzkörper existiert auf zweierlei Art: Entweder schlummert er, oder er ist aktiv. Er kann 90 Prozent der Zeit ruhen, aber bei einem zutiefst unglücklichen Menschen kann er auch die ganze Zeit aktiv sein. Manche Menschen leben fast ausschließlich in ihrem Schmerzkörper, während andere ihn nur in bestimmten Situationen erfahren, etwa in engen Beziehungen oder in Situationen, die mit vergangenem Verlust zu tun haben, mit Verlassenwerden, mit physischen oder emotionalen Verletzungen usw.

Alles Mögliche kann den Schmerzkörper aktivieren, besonders jedoch ein Schmerzmuster aus der Vergangenheit, das eine vertraute Saite bei ihm zum Klingen bringt. Er hat einen so leichten Schlaf, dass schon ein Gedanke oder eine unschuldige Bemerkung von jemandem, der dir nahe steht, genügen, um ihn zu wecken.

Die Identifikation mit dem Schmerzkörper durchbrechen

Der Schmerzkörper mag es nicht, wenn du ihn genau unter die Lupe nimmst und ihn als das erkennst, was er ist. In dem Augenblick, in dem du den Schmerzkörper beobachtest, sein Energiefeld in dir spürst und ihm deine Aufmerksamkeit zuwendest, ist die Identifikation sofort aufgehoben.

Eine höhere Bewusstseinsdimension ist erreicht. Ich nenne sie Gegenwärtigkeit. Du bist jetzt der Beobachter oder Zeuge deines Schmerzkörpers. Das bedeutet, dass er dich weder weiter ausnutzen kann, indem er vorgibt, du zu sein, noch sich weiterhin an dir erneuern kann. Du hast deine eigene innerste Kraft gefunden.

Manche Schmerzkörper sind zwar unangenehm, aber relativ harmlos, einem Kind vergleichbar, das unaufhörlich quengelt. Andere sind heimtückische, zerstörungswütige Monster und wahrhaft dämonisch. Einige wenden physische Gewalt an, und viele greifen zu emotionaler Gewalt. Einige überfallen Leute in deiner Umgebung oder dir Nahestehende, andere greifen dich selbst, ihren Gastgeber, an. Schließlich hast du nur noch zutiefst negative Gefühle im Hinblick auf dein Leben und neigst zur Selbstzerstörung. Krankheiten und Unfälle kommen häufig so zustande. Manche Schmerzkörper treiben ihren Gastgeber in den Selbstmord.

Wenn du meintest, jemanden zu kennen, und dann plötzlich mit diesem fremden, widerlichen Geschöpf konfrontiert bist, bekommst du einen ganz schönen Schock. Wichtiger ist es jedoch, dieses Wesen in dir selbst zu beobachten statt bei einem anderen Menschen.

> **Achte auf jedes Anzeichen von Missmut in dir,** in welcher Form auch immer – das könnte der erwachende Schmerzkörper sein. Er kann sich als Gereiztheit, Ungeduld, oder schlechte Laune, als Wunsch, jemanden zu verletzen, als Ärger oder Wut, als Depression oder als Verlangen bemerkbar machen, aus deiner Beziehung ein Drama zu machen, usw. Schnapp ihn dir in dem Augenblick, in dem er aus seinem Schlaf erwacht.

Der Schmerzkörper will ebenso wie alles andere, was existiert, überleben, und das kann er nur, wenn er dich dazu bringt, dich unbewusst mit ihm zu identifizieren. Dann erhebt er sich, vereinnahmt dich, »wird du« und lebt durch dich weiter.

Er muss durch dich »Nahrung« erhalten. Er ernährt sich von jeder Erfahrung, die mit seiner Energie verwandt ist, von allem, was dir weiteren Schmerz jeder Art bereitet: Ärger, Zerstörungswut, Hass, Gram, Hysterie, Gewalttätigkeit und sogar Krankheit. Der Schmerzkörper schafft also, sobald er die Herrschaft über dich angetreten hat, eine Lebenssituation für dich, die seiner eigenen Energiefrequenz entspricht, sodass er Nahrung erhält. Schmerz lebt nur von Schmerz. Schmerz kann nicht von Freude leben. Die findet er ziemlich unverdaulich.

Hat der Schmerzkörper dich erst einmal in der Hand, willst du mehr Schmerz. Dann wirst du entweder Opfer oder Täter und willst entweder Schmerz zufügen oder Schmerzen leiden, vielleicht auch beides. Im Grunde besteht gar kein großer Unterschied dazwischen. Dir ist das natürlich nicht bewusst, und du wirst nachdrücklich verkünden, dass du keinen Schmerz willst. Bei genauem Hinsehen wirst du jedoch feststellen, dass deine Denk- und Verhaltensweisen darauf angelegt sind, den Schmerz bei dir und anderen zu erhalten. Wenn du dir dessen wirklich bewusst wärst, würde sich dieses Muster auflösen, denn es ist Irrsinn, sich mehr Schmerz zu wünschen, und niemand wählt bewusst den Irrsinn.

Der Schmerzkörper ist der dunkle Schatten, den das Ego wirft, und hat im Grunde Angst vor dem Licht deines Bewusstseins. Er hat Angst, entdeckt zu werden. Sein Überleben hängt zum einen davon ab, dass du dich unbewusst mit ihm identifizierst, und zum andern von deiner unbewussten Angst, dich dem Schmerz in dir zu stellen. Aber wenn du dich nicht mit ihm auseinander setzt, wenn du den Schmerz nicht mit dem Licht deines Bewusstseins durchdringst, wirst du gezwungen sein, ihn immer wieder zu erleben.

Zwar mag der Schmerzkörper dir wie ein gefährliches Ungeheuer vorkommen, das anzuschauen du nicht ertragen kannst, aber er ist, wie ich dir versichern kann, nur ein wesenloses Phantom, das der Kraft deiner Gegenwärtigkeit nicht standhalten kann.

Wenn du zum Beobachter wirst und aufhörst, dich mit dem Schmerzkörper zu identifizieren, wird er noch eine Weile aktiv bleiben und versuchen, dich mit List und Tücke zur erneuten Identifikation mit ihm zu bringen. Du führst ihm zwar keine Energie mehr zu, wenn du dich nicht mehr mit ihm identifizierst, aber er hat eine gewisse Schwungkraft, genauso wie ein Spinnrad, das sich auch ohne Antrieb noch eine Zeit lang weiterdreht. Auch in diesem Stadium verursacht er unter Umständen physische Beschwerden und Schmerzen in verschiedenen Körperteilen, die jedoch nicht von Dauer sind.
Bleibe gegenwärtig, bleibe bewusst. Sei der stets wachsame Hüter deines inneren Raumes. Du musst so gegenwärtig sein, dass du den Schmerzkörper direkt anschauen und seine Energie spüren kannst. Dann kann er dein Denken nicht mehr beherrschen.

In dem Augenblick, in dem sich dein Denken auf das Energiefeld des Schmerzkörpers ausrichtet, identifizierst du dich mit ihm und nährst ihn wieder mit deinen Gedanken. Wenn zum Beispiel Wut die vorherrschende energetische Schwingung des Schmerzkörpers ist und du wütend darüber nachdenkst, was jemand dir angetan hat oder was du selbst jemandem antun möchtest, dann wirst du unbewusst, und der Schmerzkörper wird zu »dir«. Hinter der Wut lauert immer der Schmerz.

Auch wenn du in trüber Stimmung bist, in ein negatives Denkmuster gerätst und dein Leben schrecklich findest, hat sich dein Denken auf den Schmerzkörper ausgerichtet, und schon bist du unbewusst und wehrlos seinem Angriff ausgesetzt.

Unter »Unbewusstheit« verstehe ich hier die Identifikation mit einem mentalen oder emotionalen Muster. Sie ist durch die Abwesenheit des Beobachters gekennzeichnet.

Leid in Bewusstheit umwandeln

Unablässige bewusste Aufmerksamkeit durchschneidet die Verbindung zwischen dem Schmerzkörper und den Denkvorgängen und löst einen Umwandlungsprozess aus. Dann ist es geradeso, als würde der Schmerz die Flamme deines Bewusstseins nähren, die dadurch umso heller brennt.

Das ist die esoterische Bedeutung der alten Kunst der Alchemie: die Umwandlung von unedlem Metall in Gold, von Leid in Bewusstheit. Die Spaltung in dir heilt und du bist wieder ganz. In deiner Verantwortung liegt es nun, keinen weiteren Schmerz mehr zu erzeugen.

Richte deine Aufmerksamkeit auf das Gefühl in dir. Erkenne, dass es sich um den Schmerzkörper handelt. Akzeptiere es, dass er da ist. Denk nicht darüber nach – lass das Gefühl nicht zum Gedanken werden. Werte und analysiere nicht. Mach deine Identität nicht daran fest. Bleibe gegenwärtig und beobachte weiterhin, was in dir geschieht.
Werde dir nicht nur des emotionalen Schmerzes, sondern zugleich auch desjenigen bewusst, der ihn betrachtet, des stillen Beobachters. Das ist die Kraft des Jetzt, die Kraft deiner eigenen bewussten Gegenwärtigkeit. Und dann sieh, was geschieht.

Die Identifikation des Ego mit dem Schmerzkörper

Der eben beschriebene Prozess ist von großer Wirksamkeit und doch ganz einfach. Er könnte sogar einem Kind beigebracht werden, und es ist zu hoffen, dass

Kinder ihn eines Tages schon im ersten Schuljahr erlernen. Sobald du das Grundprinzip begriffen hast, dass du als Beobachter gewahr werden musst, was in dir geschieht – und du »begreifst« es, weil du es erlebst –, hältst du das beste Werkzeug zu deiner Verwandlung in Händen.

Damit ist aber nicht gesagt, dass du nicht einen starken inneren Widerstand dagegen hast, dich von deinem Schmerz zu trennen. Das ist besonders dann der Fall, wenn du dich schon dein Leben lang eng mit deinem emotionalen Schmerzkörper identifiziert und einen Großteil deines Selbstgefühls daraus bezogen hast. Auf diese Weise hast du ein unglückliches Selbst aus deinem Schmerzkörper gemacht und hältst diese Erfindung deines Verstandes für dich selbst. Nun hast du unbewusst Angst, deine Identität zu verlieren, wodurch ein starker Widerwillen dagegen entsteht, die Identifikation aufzugeben. Mit anderen Worten: Du bleibst lieber dem Schmerzkörper verhaftet und leidest, als den Sprung ins Unbekannte zu wagen und den Verlust des vertrauten unglücklichen Selbst zu riskieren.

Beobachte deinen inneren Widerstand. Beobachte, wie du am Schmerz festhältst. Sei höchst wachsam. Beobachte die sonderbare Befriedigung, die dir das Unglücklichsein gibt. Beobachte das zwanghafte Bedürfnis, daran zu denken oder darüber zu sprechen. Der Widerstand wird nachlassen, wenn du ihn dir bewusst machst.

Jetzt kannst du, während du als Zeuge gegenwärtig bleibst, deine Aufmerksamkeit auf den Schmerzkörper richten und so seine Umwandlung in Gang setzen.

Nur du selbst kannst das tun und niemand sonst. Aber wenn du Glück hast und jemanden findest, der voll bewusst ist und dem du dich anschließen kannst, um mit ihm den Zustand des Gegenwärtigseins zu teilen, wird dir das weiterhelfen und die Entwicklung beschleunigen. Dann wird dein eigenes Licht schnell zunehmen.

Wenn ein Holzscheit, das eben zu brennen begonnen hat, eine Zeit lang neben ein bereits loderndes Scheit gelegt wird, brennt es, auch wenn es wieder davon getrennt wird, viel stärker als vorher, von demselben Feuer ergriffen. Ein solches Feuer zu sein ist eine der Aufgaben eines spirituellen Lehrers. Auch manche Therapeuten können vielleicht diese Funktion erfüllen, sofern sie über die Verstandesebene hinausgegangen sind und bei ihrer Arbeit mit dir eine intensive, bewusste Gegenwärtigkeit aufrechterhalten.

Du musst dir vor allem Folgendes einprägen: Solange du dich über den Schmerz definierst, kannst du dich nicht von ihm frei machen. Solange du einen Teil deines Selbstgefühls aus dem emotionalen Schmerz beziehst, wirst du unbewusst jeden Versuch, diesen Schmerz zu lindern, abwehren oder vereiteln.

Warum? Einfach, weil du intakt bleiben willst, der Schmerz jedoch ein fester Bestandteil deiner selbst geworden ist. Dies ist ein unbewusster Vorgang, und die einzige Möglichkeit, ihn zu überwinden, besteht darin, ihn dir bewusst zu machen.

Die Kraft deiner Gegenwärtigkeit

Plötzlich festzustellen, dass du immerfort an deinem Schmerz festgehalten hast und weiter an ihm festhältst, kann eine ziemlich schockierende Erkenntnis sein. Aber in dem Augenblick, in dem du zu dieser Einsicht kommst, hast du deine Fesseln bereits gesprengt.

Der Schmerzkörper ist ein Energiefeld, sozusagen eine eigene Wesenheit, die sich vorübergehend in deinem Innern festgesetzt hat. Dabei handelt es sich um Lebensenergie, die eingeschlossen ist und nicht mehr fließen kann.

Natürlich existiert der Schmerzkörper nur wegen gewisser Ereignisse aus der Vergangenheit. Er ist die lebendige Vergangenheit in dir, und wenn du dich mit ihm identifizierst, definierst du dich über die Vergangenheit. Du schlüpfst in die Opferrolle und glaubst, dass die Vergangenheit mehr Macht hat als die Gegenwart, dabei ist es genau umgekehrt. Du machst andere Leute und das, was sie dir angetan haben, für deinen jetzigen Zustand, für deinen emotionalen Schmerz und deine Unfähigkeit, wirklich du selbst zu sein, verantwortlich.

In Wahrheit besitzt ausschließlich der gegenwärtige Augenblick Macht: die Kraft deiner Gegenwärtigkeit. Sobald du das erkannt hast, weißt du auch, dass niemand als du selbst jetzt für deine Innenwelt verantwortlich ist und dass die Vergangenheit vor der Kraft des Jetzt keinen Bestand hat.

Der Schmerzkörper entsteht durch Unbewusstheit; Bewusstheit wandelt ihn in Bewusstsein um. Der Apostel Paulus hat dieses universelle Prinzip wunderbar zum Ausdruck gebracht: »Das alles aber wird offenbar, wenn's vom Licht aufgedeckt wird; denn alles, was offenbar wird, das ist Licht.«

Ebenso wenig, wie du gegen die Dunkelheit ankämpfen kannst, kannst du gegen den Schmerzkörper ankämpfen. Wenn du das versuchen wolltest, würdest du einen inneren Konflikt schaffen und so noch mehr Schmerz erzeugen. Beobachten genügt. Dazu gehört auch, ihn als Teil dessen anzuerkennen, was in dem Augenblick da ist.

7 Von abhängigen zu erleuchteten Beziehungen

Beziehungen aus Liebe und Hass

Solange du die Bewusstseinsschwingung der Gegenwärtigkeit noch nicht erreicht hast, sind all deine Beziehungen, besonders die intimen, höchst unvollkommen und letztlich gestört. Eine Zeit lang erscheinen sie dir perfekt, zum Beispiel als du »verliebt« warst, aber diese scheinbare Vollkommenheit wird bald beeinträchtigt, und es kommt immer häufiger zu Streit, Konflikten, Frustration und emotionaler oder gar physischer Gewalt.

Die meisten Liebesbeziehungen verwandeln sich offenbar über kurz oder lang in Beziehungen der Hassliebe. Dann kann die Liebe im Handumdrehen in wilde Angriffe, feindselige Gefühle oder auch totalen Liebesentzug umschlagen. Das gilt als normal.

Wenn du in deinen Beziehungen sowohl »Liebe« als auch deren Gegenteil – Angriffswut, emotionale Gewalt usw. – erlebst, verwechselst du höchstwahrscheinlich egoistisches Anklammern und Besitzergreifen mit Liebe. Du kannst deinen Partner oder deine Partnerin nicht den einen Augenblick lieben und im nächsten Augenblick angreifen. Wahre Liebe kennt kein Gegenteil.

Wenn es zu deiner Liebe ein Gegenteil gibt, dann ist es keine Liebe, sondern das starke Egoverlangen nach einem vollkommeneren, tieferen Selbstgefühl, ein Verlangen, das die andere Person vorübergehend erfüllt. Das ist der Ersatz des Egos für die Erlösung, und für eine kurze Zeit hast du auch fast das Gefühl, erlöst zu sein.

Aber irgendwann ist immer der Punkt erreicht, wo dein Partner deinen oder vielmehr den Bedürfnissen deines Egos nicht mehr gerecht wird. Jetzt kommen Gefühle wie Angst, Schmerz und Mangel wieder an die Oberfläche, alles wesentliche Bestandteile des Egobewusstseins, die nur von deiner »Liebesbeziehung« überdeckt wurden.

Wie bei jeder anderen Sucht auch bist du high, solange dir die Droge zur Verfügung steht, doch es kommt unweigerlich der Zeitpunkt, an dem die Droge keine Wirkung mehr zeigt.

Wenn die schmerzhaften Gefühle wiederkehren, empfindest du sie noch stärker als zuvor, vor allem jedoch betrachtest du jetzt deinen Partner als die Ursache dieser Gefühle. Das heißt, du projizierst sie nach außen und greifst nun den anderen mit der brutalen Gewalt an, die Teil deines Schmerzes ist.

Deinem Partner oder deiner Partnerin macht dieser Angriff womöglich den eigenen Schmerz bewusst, sodass sie zur Gegenwehr übergehen. An diesem Punkt hofft dein Ego unbewusst noch immer, dass sein Angriff beziehungsweise sein Manipulationsversuch als Strafe genügt, um den Partner zu einer Verhaltensänderung zu bewegen, damit er wieder zur Schmerzbetäubung herhalten kann.

Jede Abhängigkeit oder Sucht entspringt einer unbewussten Weigerung, sich mit dem eigenen Schmerz auseinander zu setzen und ihn durchzustehen. Jede Sucht beginnt mit Schmerz und endet mit Schmerz. Ganz gleich, wonach du süchtig bist, ob nach Alkohol, Essen, legalen oder illegalen Drogen oder einer Person, immer benutzt du etwas oder jemanden, um deinen Schmerz zu betäuben.

Darum gibt es, wenn die anfängliche Euphorie verflogen ist, so viel Kummer, so viel Schmerz in intimen Beziehungen. Sie verursachen diesen Schmerz und Kummer jedoch gar nicht. Sie fördern lediglich den Schmerz und den Kummer zutage, die bereits in dir sind. Jede Sucht tut das. Und bei jeder Sucht kommt ein Punkt, an dem die Droge nicht mehr wirksam ist; dann spürst du den Schmerz noch intensiver als je zuvor.

Das ist einer der Gründe dafür, warum die meisten Menschen dauernd versuchen, vor dem gegenwärtigen Augenblick zu fliehen, und irgendeine Art Heil in der Zukunft suchen. Das Erste, worauf sie stoßen würden, wenn sie ihre Aufmerksamkeit auf das Jetzt richteten, wäre ihr eigener Schmerz, und davor haben sie Angst. Wenn sie nur wüssten, wie leicht sie Zugang zur Kraft des Jetzt gewinnen können, die die schmerzliche Vergangenheit auflöst, zu der Wirklichkeit, die die Illusion auflöst. Wenn sie bloß wüssten, wie nahe sie ihrer eigenen Wirklichkeit, wie nahe sie Gott sind!

Beziehungen aus dem Weg zu gehen, um dem Schmerz auszuweichen, ist auch keine Lösung. Der Schmerz ist und bleibt da. Drei gescheiterte Beziehungen in ebenso vielen Jahren werden dich eher dazu zwingen aufzuwachen, als drei Jahre auf einer einsamen Insel oder im stillen Kämmerlein. Wenn du allerdings mit intensiver Gegenwärtigkeit allein sein kannst, dann wird auch das funktionieren.

Von abhängigen zu erleuchteten Beziehungen

Egal, ob du allein lebst oder mit einem Partner zusammen, hier ist der Hauptpunkt: Sei gegenwärtig und intensiviere das Gegenwärtigsein dadurch, dass du deine Aufmerksamkeit immer stärker auf das Jetzt konzentrierst.

Damit die Liebe aufblühen kann, muss das Licht deiner Gegenwärtigkeit so stark sein, dass der Denker oder

der Schmerzkörper dich nicht länger beherrschen können und du ihn für dich selbst hältst.

Dich selbst im Sein hinter dem Denker, in der Stille hinter dem Gedankenlärm, in der Liebe und Freude hinter dem Schmerz zu erkennen, das ist Freiheit, Erlösung, Erleuchtung.

Sich von der Identifikation mit dem Schmerzkörper zu lösen bedeutet, den Schmerz mit Gegenwärtigkeit zu durchdringen und so zu verwandeln. Sich von der Identifikation mit dem Denken zu lösen bedeutet, stiller Beobachter der eigenen Gedanken und des eigenen Verhaltens zu sein, besonders der wiederkehrenden Denkmuster und der Rollen, die das Ego spielt.

Wenn du aufhörst, das Denken als dein Selbst anzusehen, verliert es seine Zwanghaftigkeit, diesen grundsätzlichen Hang zum Urteilen und zum Widerstand gegen das, was ist, wodurch Konflikte, Dramen und neue Schmerzen entstehen. Sobald durch Akzeptieren dessen, was ist, das Urteilen aufhört, bist du frei vom Denken und hast endlich Raum für Liebe, Freude und Frieden.

Zuerst hörst du auf, dich selbst zu beurteilen; dann hörst du auf, deinen Partner oder deine Partnerin zu beurteilen. Der stärkste Katalysator für Veränderungen in einer Beziehung ist das totale Akzeptieren des Partners oder der Partnerin so, wie sie sind, ohne sie in irgendeiner Weise bewerten oder verändern zu wollen. Dadurch gehst du sofort über das Ego hinaus. Dann ist es vorbei mit allen mentalen Spielchen und suchthaftem Anklammern. Dann gibt es keine Opfer und Täter, keine Kläger und Beklagten mehr.

Zugleich hört alle Koabhängigkeit auf, und du lässt dich nicht mehr in die unbewussten Denk- und Verhaltensmuster von jemandem hineinziehen, die dann durch dich weiterbestehen. Vielmehr wirst du dich entweder in aller Liebe vom Partner trennen, oder ihr werdet gemeinsam noch tiefer ins Jetzt, ins Sein eintauchen. Ist es wirklich so einfach? Ja, so einfach ist es.

Die Liebe ist ein Seinszustand. Deine Liebe besteht nicht außerhalb deiner selbst, sondern tief in deinem Innern. Du kannst sie nie verlieren, und sie kann dich nie verlassen. Sie ist nicht von irgendeinem anderen Körper, irgendeiner äußeren Form abhängig.

In der Stille deiner Gegenwärtigkeit kannst du deine form- und zeitlose Wirklichkeit als das nichtmanifestierte Leben fühlen, das deine physische Gestalt beseelt. Dasselbe Leben kannst du auch tief innen in jedem anderen Menschen und jedem anderen Geschöpf spüren. Du durchschaust den Schleier von Form und Getrenntheit. Das ist die Verwirklichung des Einsseins. Das ist Liebe.

Du kannst zwar hin und wieder einen flüchtigen Einblick in die Liebe gewinnen, aber sie kann erst aufblühen, wenn du dich für immer von der Identifikation mit dem Denken befreit hast und deine Gegenwärtigkeit so intensiv ist, dass sie den Schmerzkörper auflöst – oder wenn du zumindest als Beobachter gegenwärtig bleiben kannst. Dann kann der Schmerzkörper nicht mehr über dich herrschen und die Liebe zerstören.

Beziehungen als spirituelle Übung

Da sich die Menschen mehr und mehr mit ihrem Denken identifizieren, wurzeln die meisten Beziehungen nicht im Sein; so verwandeln sie sich in eine Quelle der Schmerzen und werden von Problemen und Konflikten beherrscht.

Wenn Beziehungen, wie es heute der Fall ist, Ego-Denkmuster nähren und verstärken und den Schmerzkörper aktivieren, warum akzeptieren wir diese Tatsache nicht einfach, statt davor zu fliehen? Warum arbeiten wir nicht damit, statt Beziehungen zu meiden oder weiterhin dem Phantom des idealen Partners für uns hinterherzujagen, der die Lösung all unserer Probleme sein und uns ein Gefühl der Erfüllung vermitteln soll?

Sobald die Tatsache anerkannt und akzeptiert wird, stellt sich auch ein gewisses Maß an Freiheit von ihr ein.

Wenn du zum Beispiel *weißt*, dass eine Disharmonie da ist, und in diesem »Wissen« verweilst, kommt durch dein Wissen ein neuer Faktor ins Spiel, sodass die Disharmonie nicht unverändert fortbestehen kann.

> **Wenn du weißt, dass du nicht im Frieden bist,** erzeugt dieses Wissen eine räumliche Stille, die deinen Unfrieden liebevoll und zärtlich umhüllt und schließlich Unfrieden in Frieden verwandelt.
> Was deine innere Transformation betrifft, so gibt es nichts, was du dafür *tun* könntest. Dich selbst kannst du nicht transformieren, und du kannst schon gar nicht deinen Partner oder sonst jemanden transformieren. Alles, was du *tun* kannst, ist, einen Raum zu schaffen, in dem die Transformation geschehen kann, in den Liebe und Güte Einlass finden können.

Sei also froh, wenn eine Beziehung nicht funktioniert und dich und deinen Partner oder deine Partnerin »wahnsinnig« macht. Was unbewusst war, wird ans Licht gebracht. Das kann die Erlösung für euch sein.

Verweile jeden Augenblick im Wissen um den Augenblick, besonders im Wissen um deine innere Befindlichkeit. Wenn Wut da ist, sei dir bewusst, dass Wut da ist. Wenn Eifersucht, Abwehr, Streitlust, Rechthaberei, ein inneres Kind, das Liebe und Zuwendung fordert, oder emotionaler Schmerz irgendwelcher Art da sind, mach dir, was immer es auch sei, die Wirklichkeit dieses Augenblicks bewusst und verweile in diesem Wissen.

Auf diese Weise wird deine Beziehung zu deinem *Sadhana,* deiner sprirituellen Übung. Wenn du bei deinem Partner unbewusste Verhaltensweisen bemerkst, dann akzeptiere sie einfach liebevoll mit dem Wissen darum, statt darauf zu reagieren.

Unbewusstheit und Bewusstheit können nicht lange koexistieren, selbst wenn nur die eine Person den Sachverhalt erkannt hat und nicht die andere, die ihre Unbewusstheit ausagiert. Die Energieform, die hinter Feindseligkeit und Angriffslust steckt, findet Liebe absolut unerträglich. Wenn du irgendwie auf die Unbewusstheit deines Partners reagierst, wirst du selber unbewusst. Aber wenn du dann daran denkst, dir deine Reaktion bewusst zu machen, ist nichts verloren.

Noch nie zuvor sind Beziehungen so problematisch und konfliktbeladen gewesen wie heute. Sicher ist dir schon aufgefallen, dass sie nicht dazu da sind, dich glücklich zu machen oder dir ein Gefühl von Erfüllung zu geben. Wenn du dein Heil weiterhin in einer Beziehung suchst, wirst du immer wieder enttäuscht werden. Wenn du jedoch akzeptierst, dass Beziehungen dazu da sind, dich bewusster statt glücklich zu machen, wird die Beziehung dir Erlösung bieten und dir helfen, dich auf das höhere Bewusstsein auszurichten, das in diese Welt geboren werden möchte.

Diejenigen, die an den alten Mustern festhalten, werden immer mehr Schmerz, Gewalt, Verwirrung und Irrsinn erleben.

Wie viele Menschen sind nötig, um dein Leben in eine spirituelle Übung zu verwandeln? Mach dir nichts daraus, wenn dein Partner nicht mitspielt. Geistige Gesundheit – Bewusstheit – kann nur durch dich in diese Welt gelangen. Warte mit deiner Erleuchtung nicht darauf, dass die Welt endlich zur Vernunft kommt oder dass andere Bewusstheit erlangen. Da wartest du vielleicht bis in alle Ewigkeit.

Beschuldigt euch nicht gegenseitig der Unbewusstheit. In dem Augenblick, in dem du zu streiten beginnst, hast du dich schon mit einer Geisteshaltung identifiziert und verteidigst jetzt nicht nur diese innere Haltung, sondern auch dein Selbstgefühl. Das Ego hat dich an der Kandare. Unbewusstheit hat Besitz von dir ergriffen. Bisweilen mag es angebracht sein, auf bestimmte Aspekte im Verhalten des Partners hinzuweisen. Wenn du sehr wachsam, sehr gegenwärtig bist, kannst du das ohne Einmischung deines Egos tun – ohne den anderen zu beschuldigen, anzuklagen oder ins Unrecht zu setzen.

Wenn sich dein Partner unbewusst verhält, dann unterlasse es zu urteilen. Bei einer Beurteilung wird entweder das unbewusste Verhalten des Betreffenden mit dem verwechselt, der er (oder sie) ist, oder die eigene Unbewusstheit auf die andere Person projiziert und fälschlich für das, was sie ist, gehalten.

Das Beurteilen zu unterlassen heißt nicht, Unbewusstheit und Fehlfunktionen zu übergehen, wenn du sie erkennst. Es bedeutet vielmehr, das Erkennen zu sein und nicht etwa die Reaktion oder das Urteil. Dann wirst du entweder gar nicht reagieren oder aber im Raum deines Erkennens reagieren, in dem Raum, in dem du die Reaktion zulässt und beobachtest. Statt gegen die Dunkelheit anzukämpfen, trägst du das Licht hinein. Statt auf ein Trugbild zu reagieren, erkennst du es als solches und durchschaust es.

Das Erkennen zu sein schafft einen klaren Raum liebevoller Gegenwärtigkeit, in dem alle Dinge und Menschen so sein können, wie sie sind. Es gibt keinen stärkeren Katalysator für die Transformation. Wenn du dich darin übst, kann dein Partner nicht bei dir bleiben, ohne bewusst zu werden.

Wenn ihr euch einig seid, dass ihr eure Beziehung zur spirituellen Übung machen wollt, umso besser. Dann könnt ihr euch gegenseitig eure Gedanken und Gefühle mitteilen, sobald sie auftreten oder sich eine Reaktion zeigt, und vermeidet es so, eine Zeitlücke zu schaffen, in der sich unausgesprochene oder uneingestandene Emotionen und Bekümmerungen einnisten und ausbreiten können.

Lerne deinen Gefühlen Ausdruck zu geben, ohne Schuldzuweisungen zu machen. Lerne, deinem Partner oder deiner Partnerin offen und ohne Abwehrhaltung zuzuhören.
Gib deinem Partner Raum, sich auszudrücken. Sei gegenwärtig. Dann werden Beschuldigung, Verteidigung und Angriff – all die Muster, die das Ego schützen und stärken oder seine Bedürfnisse befriedigen sollen – überflüssig. Anderen – und sich selbst – Raum zu geben ist von entscheidender Bedeutung. Ohne das kann keine Liebe erblühen.

Sobald du diese beiden Faktoren eliminiert hast, die Beziehungen zerstören – wenn also der Schmerzkörper umgewandelt ist und du dich nicht mehr mit dem Denken und seinen Einstellungen identifizierst – und wenn dein Partner es ebenso gemacht hat, werdet ihr den Segen einer blühenden Beziehung genießen. Statt euch gegenseitig euren Schmerz und eure Unbewusstheit zu zeigen, statt gegenseitig eure Abhängigkeiten und Egobedürfnisse zu befriedigen, werdet ihr einander die Liebe erweisen, die ihr tief in eurem Innern empfindet, die Liebe, die mit der Erkenntnis einhergeht, dass ihr mit allem, was ist, eins seid.

Das ist die Liebe, die kein Gegenteil kennt.

Wenn sich dein Partner noch mit dem Denken und dem Schmerzkörper identifiziert, während du bereits frei bist, ist das ein großes Problem – nicht für dich, sondern für ihn. Es ist nicht leicht, mit einem erleuchteten Menschen zusammenzuleben, oder vielmehr: Es ist *so* leicht, dass das Ego das extrem bedrohlich findet.

Vergiss nicht, dass das Ego Probleme, Konflikte und »Feinde« braucht, um das Gefühl von Getrenntheit zu verstärken, von dem seine Identität abhängt. Der Verstand des unerleuchteten Partners wird zutiefst frustriert sein, weil seinen starren Positionen kein Widerstand entgegengebracht wird, sodass sie schließlich wackelig und schwach werden und sogar die »Gefahr« besteht, dass sie ganz zusammenbrechen, was den Selbstverlust zur Folge hat.

Der Schmerzkörper verlangt Feedback, das er nicht bekommt. Sein Bedürfnis nach Streit, Drama und Konflikt bleibt unbefriedigt.

Gib die Beziehung zu dir selbst auf

Erleuchtet oder nicht, du bist jedenfalls entweder Mann oder Frau, auf der Ebene der Form also unvollständig. Du bist nur eine Hälfte des Ganzen. Diese Unvollständigkeit empfindest du als Anziehungskraft zwischen den Geschlechtern, als Hingezogenwerden zum energetischen Gegenpol, wie bewusst du auch sein magst. Aber im Zustand innerer Verbundenheit spürst du diese Anziehung nur irgendwo an der Oberfläche oder Peripherie deines Lebens.

Das heißt nicht, dass du keine tiefe Beziehung zu deinem Partner oder anderen Menschen hättest. Eine tiefe Beziehung kannst du überhaupt nur dann haben, wenn du dir des Seins bewusst bist.

Aus dem Sein heraus kannst du den Schleier der Form durchschauen. Im Sein sind männlich und weiblich eins. Deine Form mag zwar weiterhin bestimmte Bedürfnisse haben, das Sein jedoch nicht. Es ist bereits heil und ganz. Wenn die betreffenden Bedürfnisse befriedigt werden, ist das schön, aber es spielt keine Rolle für dein tiefstes Inneres, ob sie befriedigt werden oder nicht.

Es ist also durchaus möglich, dass ein erleuchteter Mensch, dessen Verlangen nach dem männlichen oder weiblichen Gegenpol nicht erfüllt wird, an der Oberfläche seines Daseins ein Gefühl von Mangel oder Unvollständigkeit hat, während er gleichzeitig innerlich erfüllt, heil und mit sich im Frieden ist.

Wenn du dich allein nicht wohl fühlst, wirst du dir eine Beziehung suchen, um dieses Mangelgefühl auszugleichen. Aber du kannst sicher sein, dass der Mangel in anderer Form innerhalb der Beziehung wiederkehrt, und dann wirst du wahrscheinlich deinen Partner oder deine Partnerin dafür verantwortlich machen.

Du brauchst ja nur diesen gegenwärtigen Augenblick voll und ganz zu akzeptieren. Dann fühlst du dich im Hier und Jetzt und mit dir selber wohl.

Aber brauchst du überhaupt eine Beziehung zu dir selbst? Warum bist du nicht einfach du selbst? Wenn du eine Beziehung zu dir selbst hast, bist du zweigeteilt: »ich« und »mein Selbst«, Subjekt und Objekt. Diese vom Denken geschaffene Dualität ist die Grundursache für all die unnötigen Komplikationen, Probleme und Konflikte in deinem Leben.

Im Zustand der Erleuchtung bist du du selbst – »du« und »dein Selbst« verschmelzen miteinander. Du beurteilst dich nicht und bedauerst dich nicht, du bist nicht stolz auf dich, du liebst dich nicht und hasst dich nicht usw. Die durch die Selbstreflexion des Bewusstseins bewirkte Spaltung ist beseitigt, ihr Fluch aufgehoben. Da ist kein »Selbst«, das du weiterhin nähren, schützen oder verteidigen müsstest.

Wenn du erleuchtet bist, fällt eine Beziehung für dich weg: die Beziehung zu dir selbst. Sobald du diese Beziehung aufgegeben hast, verwandeln sich all deine anderen Beziehungen in Liebesbeziehungen.

Teil III
Akzeptanz und Hingabe

Wenn du dich dem hingibst, was ist,
und auf diese Weise vollkommen gegenwärtig bist,
verliert die Vergangenheit all ihre Macht.
Dann erschließt sich dir das Reich des Seins,
das vom Denken bisher verborgen wurde.
Plötzlich erfüllt dich eine tiefe Stille,
ein grenzenloses Gefühl des Friedens.
Und in diesem Frieden ist große Freude.
Und in dieser Freude ist Liebe.
Und in ihrem innersten Kern ist das Heilige,
das Unermessliche, das Namenlose.

8 Das Jetzt akzeptieren

Vergänglichkeit und Lebenszyklen

Es gibt zyklische Perioden des Erfolgs, in denen dir alles zufällt und gelingt, und Perioden des Misserfolgs, in denen alles vergeht und zerfällt und du loslassen musst, um Raum zu schaffen, in dem Veränderung stattfinden und das Neue entstehen kann.

Wenn du dich dann anklammerst und Widerstand leistest, heißt das, dass du dich weigerst, mit dem Strom des Lebens mitzugehen, und dann wirst du leiden.

Die Auflösung ist notwendig, damit neues Wachstum einsetzen kann. Ein Zyklus besteht aus Höhen und Tiefen, und das eine kann ohne das andere nicht existieren.

Die Tiefen sind äußerst wichtig für die spirituelle Verwirklichung. Du musst zuerst auf einer Ebene vollkommen versagt, einen schweren Verlust erlebt oder großen Schmerz erlitten haben, um dich der spirituellen Dimension zu öffnen. Vielleicht war es auch gerade dein Erfolg, der schließlich schal und leer wurde und sich als Fehlschlag erwies.

In jedem Erfolg ist bereits der Misserfolg angelegt und in jedem Fehlschlag der Erfolg. In dieser Welt, das heißt, auf der Ebene der Form, »versagt« natürlich jeder früher oder später einmal und jede Leistung ist irgendwann umsonst. Alle Erscheinungsformen sind vergänglich.

Du kannst zwar weiterhin aktiv sein und voller Freude neue Formen und Umstände schaffen oder entstehen lassen, aber du identifizierst dich nicht mehr mit ihnen. Du brauchst sie nicht mehr für dein Selbstgefühl. Sie sind nicht dein Leben – nur deine Lebensumstände.

Ein Zyklus aus Höhen und Tiefen kann wenige Stunden bis hin zu einigen Jahren dauern. Es gibt große Zyklen und innerhalb dieser großen Zyklen kleine Zyklen. Viele Krankheiten entstehen dadurch, dass du gegen die Tiefen, die Zeiten mit niedrigem Energiepegel, ankämpfst, die doch für die Regeneration lebenswichtig sind. Dieses zwanghafte Verhalten und diese Neigung, dein Selbstwertgefühl und deine Identität über äußere Faktoren wie Leistung zu definieren, sind unvermeidliche Illusionen, solange du dich mit dem Verstand identifizierst.

Dadurch ist es schwer oder gar unmöglich für dich, die Tiefen zuzulassen und zu akzeptieren. Dann wird unter Umständen die Intelligenz des Organismus tätig, ergreift Maßnahmen zum Selbstschutz und löst eine Krankheit aus, um dich zum Innehalten zu zwingen, sodass die notwendige Regeneration einsetzen kann.

Solange dein Verstand einen Zustand als »gut« beurteilt, sei es eine Beziehung, ein Besitz, eine soziale Funktion, ein Ort oder dein physischer Körper, heftet er sich daran und identifiziert sich damit. Das macht dich glücklich, hebt dein Selbstgefühl und wird womöglich sogar Teil dessen, was du bist oder zu sein glaubst.

Doch in dieser Dimension, in der Motten und Rost alles zerfressen, ist nichts von Dauer. Entweder endet es, oder es verändert sich, oder es verkehrt sich ins Gegenteil: Umstände, die letztes Jahr oder gestern noch gut waren, wandeln sich plötzlich oder allmählich zum Schlechten. Die gleichen Umstände, die dich glücklich gemacht haben, machen dich nun unglücklich. Der Wohlstand von heute führt zum sinnlosen Konsumverhalten von morgen. Auf eine glückliche Hochzeit und selige Flitterwochen folgt eine unglückliche Ehe oder eine unglückselige Scheidung.

Ein bestimmter Umstand ist nicht mehr gegeben, und schon leidest du unter seiner Abwesenheit. Wenn sich ein Zustand oder eine Situation, an die sich der Verstand geheftet und mit denen er sich identifiziert hat, ändert oder in Luft auflöst, kann er es nicht akzeptieren. Er klammert sich an das Vergehende und widersetzt sich der Veränderung. Es ist fast so, als würde dir ein Arm oder Bein ausgerissen.

Das bedeutet, dass dein Glück und dein Unglück im Grunde eins sind. Nur die Illusion der Zeit trennt sie voneinander.

Dem Leben keinen Widerstand entgegenzusetzen bedeutet, in einem Zustand der Anmut, Unbefangenheit und Leichtigkeit zu sein. Dieser Zustand ist nicht mehr davon abhängig, wie die Dinge sind, ob gut oder schlecht.

Es klingt paradox, aber wenn du innerlich nicht mehr von äußeren Formen abhängig bist, verbessern sich meist auch deine Lebensumstände, die äußeren Gegebenheiten, erheblich. Dinge, Menschen und Umstände, die du für dein Glück zu brauchen meintest, fallen dir nun zu, ohne dass du dafür kämpfen oder dich darum bemühen müsstest, und es steht dir frei, sie zu schätzen und dich an ihnen zu erfreuen – solange sie dauern.

All diese Dinge sind natürlich ebenfalls vergänglich, die Zyklen kommen und gehen, aber ohne die frühere Abhängigkeit besteht keine Verlustangst mehr. Das Leben fließt unbeschwert dahin.

Das Glück, das du aus irgendeiner anderen Quelle beziehst, ist nie sehr groß. Es ist nur ein schwacher Abglanz der Daseinsfreude, des leuchtenden Friedens, den du in dir findest, wenn du jeden Widerstand aufgibst. Das Sein trägt dich über die polaren Gegensätze des Verstandes hinaus und befreit dich aus der Abhängigkeit von den Formen. Selbst wenn alles um dich herum in sich zusammenstürzte und zerfiele, würdest du trotzdem in deinem tiefsten Innern im Frieden sein. Du wärst vielleicht nicht glücklich, aber im Frieden.

Die Negativität nutzen und dann aufgeben

Innerer Widerstand wird stets als Negativität in der einen oder anderen Form erfahren. Negativität ist immer Widerstand. In diesem Kontext sind die beiden Worte fast bedeutungsgleich.

Negativität reicht von Gereiztheit und Ungeduld bis hin zu heller Wut, von Niedergeschlagenheit und dumpfem Groll bis hin zu selbstmörderischer Verzweiflung. Manchmal aktiviert der Widerstand den emotionalen Schmerzkörper, und in diesem Fall genügt schon ein geringfügiger Anlass, um intensive Negativität auszulösen wie Wut, Depressivität oder tiefen Gram.

Das Ego glaubt, durch Negativität die Wirklichkeit manipulieren zu können und das zu bekommen, was es haben will. Es glaubt, dadurch einen wünschenswerten Zustand herbeiführen oder einen unerwünschten aufheben zu können.

Wenn »du« – der denkende Geist – nicht glauben würdest, dass du mit dem Unglücklichsein etwas erreichst, warum solltest du es dann darauf anlegen? Tatsache ist natürlich, dass Negativität nichts bringt. Statt einen wünschenswerten Zustand herbeizuführen, verhindert sie ihn. Statt einen unerwünschten Zustand zu beseitigen, erhält sie ihn aufrecht. Ihr einziger »Nutzen« ist es, das Ego zu stärken, und darum liebt das Ego sie auch.

Hast du dich erst einmal mit einer bestimmten Form von Negativität identifiziert, willst du nicht mehr davon ablassen, und auf einer tief unbewussten Ebene sträubst du dich gegen jede Veränderung zum Positiven. Dadurch würde nämlich deine Identität als deprimierter, zorniger oder übel behandelter Mensch gefährdet. Infolgedessen ignorierst, verleugnest oder sabotierst du lieber das Positive in deinem Leben. Das ist ein weit verbreitetes Phänomen. Und es ist der reine Irrsinn.

Lerne aus der Beobachtung von Pflanzen und Tieren,
das zu akzeptieren, was ist, und dich dem Jetzt hinzugeben.
Lerne von ihnen das Sein.

Lerne von ihnen Integrität – also eins zu sein, du selbst zu sein, wirklich zu sein.
Lerne von ihnen, wie man lebt und stirbt und wie man aus Leben und Sterben kein Problem macht.

Wiederkehrende negative Emotionen enthalten manchmal, ebenso wie Krankheiten, eine Botschaft. Aber alle Veränderungen, die du durchführst, ob hinsichtlich deines Berufes, deiner Beziehungen oder deiner Umgebung, sind letztlich nur Schönheitskorrekturen, es sei denn, sie entspringen einer veränderten Bewusstseinsebene in dir. Und was dies betrifft, so kann es nur eins bedeuten: gegenwärtiger zu werden. Wenn du ein gewisses Maß an Gegenwärtigkeit erreicht hast, brauchst du nichts Negatives mehr, um zu wissen, was deine Lebensumstände gerade erfordern.

Aber solange Negativität da ist, solltest du sie nutzen. Fasse sie als eine Art Signal auf, das dich daran erinnert, gegenwärtiger zu sein.

Wann immer du Negativität in dir aufsteigen spürst, ob sie nun durch äußere Faktoren oder einen Gedanken ausgelöst wurde oder gar keinen erkennbaren Grund hat, betrachte sie als Stimme, die dir sagt: »Aufgepasst. Hier und jetzt. Wach auf. Raus aus dem Denken. Sei gegenwärtig.«

> Selbst die leiseste Gereiztheit ist von Bedeutung und muss akzeptiert und untersucht werden; sonst bauen sich unbeobachtet Reaktionen auf und akkumulieren sich.

Unter Umständen kannst du dieses Energiefeld in dir einfach fallen lassen, sobald dir klar ist, dass du es nicht haben willst und dass es keinem Zweck dient. Pass aber auf, dass du es vollständig loswirst. Solltest du es nicht loswerden, akzeptiere einfach, dass das Gefühl da ist, und widme ihm deine Aufmerksamkeit.

> **Statt eine negative Reaktion einfach fallen zu lassen,** kannst du sie auch loswerden, indem du dir vorstellst, für den äußeren Anlass der Reaktion durchlässig zu werden.

Ich empfehle dir, diese Übung zuerst mit kleinen oder sogar banalen Dingen durchzuführen. Nehmen wir einmal an, dass du still zu Hause sitzt. Plötzlich zerreißt das Schrillen der Alarmanlage eines Autos auf der anderen Straßenseite die Stille. Du bist gereizt. Welchen Sinn hat diese Gereiztheit? Überhaupt keinen. Warum hast du sie aufkommen lassen? Hast du gar nicht. Dein Denken hat es getan. Es war eine vollkommen automatische, völlig unbewusste Reaktion.

Warum hat dein Denken sie aufkommen lassen? Weil es unbewusst der Überzeugung ist, dass sein Widerstand, den du als Negativität oder Unbehagen irgendeiner Art erlebst, die unerwünschte Situation schon irgendwie beenden wird. Das ist natürlich ein Trugschluss. Der Widerstand, den es erzeugt – in diesem Fall Gereiztheit oder Verärgerung –, ist viel störender als der ursprüngliche Anlass, dem er galt.

All das kann in eine spirituelle Übung umgewandelt werden.

Spüre, wie du gleichsam durchlässig wirst und die Festigkeit eines materiellen Körpers verlierst. Lass nun den Lärm oder was sonst eine negative Reaktion bei dir auslöst, direkt durch dich hindurchgehen. Er trifft nicht länger auf eine feste »Wand« in deinem Innern.

Wie gesagt, übe zuerst mit kleinen Dingen wie dem Schrillen einer Autoalarmanlage, mit Hundebellen, Kindergeschrei, einem Verkehrsstau. Statt eine Mauer aus Widerstand in deinem Innern zu errichten, auf die ständig und schmerzhaft Dinge prallen, die »eigentlich nicht sein dürften«, lass einfach alles durch dich hindurchgehen.

Jemand sagt etwas zu dir, das beleidigend ist und dich verletzen soll. Statt darauf unbewusst und negativ mit Gegenangriff, Abwehr oder Rückzug zu reagieren, lässt du es einfach durch dich hindurchgehen. Leiste keinen Widerstand. Es ist, als sei niemand mehr da, der verletzt werden könnte. Das ist Vergebung. Auf diese Weise wirst du unverwundbar.

Du kannst der betreffenden Person trotzdem immer noch sagen, dass ihr Verhalten inakzeptabel ist, falls du das gerne möchtest. Derjenige hat jedoch nicht mehr die Macht, dein Innenleben zu beeinflussen. Du bist selber im Besitz der Macht, statt jemand anderem oder deinem Denken ausgeliefert zu sein. Der Widerstandsautomatismus ist immer der Gleiche, ob es sich um eine Autoalarmanlage, einen unhöflichen Mitmenschen, eine Überschwemmung, ein Erdbeben oder den Verlust deines gesamten Besitzes handelt.

Suchst du noch immer außen und kannst das Suchen nicht lassen? Vielleicht bringt ja der nächste Workshop die Lösung oder die neue Technik, von der du gehört hast. Dir würde ich raten:

Suche keinen Frieden. Gib dich mit dem Zustand zufrieden, in dem du dich gerade befindest, statt einen anderen herbeizusehnen; sonst sind innere Konflikte und unbewusster Widerstand vorprogrammiert.
Vergib dir, dass du nicht im Frieden bist. In dem Augenblick, in dem du deinen Unfrieden rückhaltlos akzep-

tierst, wird er sich in Frieden verwandeln. Alles, was du voll und ganz akzeptierst, wird dich hinführen, wird dir zum Frieden verhelfen. Das ist das Wunder der vollkommenen Hingabe.
Wenn du das annimmst, was ist, ist jeder Augenblick der Beste. Das ist Erleuchtung.

Das Wesen des Mitgefühls

Wenn du über die erdachten Gegensätze hinausgewachsen bist, wirst du zu einem tiefen See. Deine äußeren Lebensumstände, das heißt alles, was dort geschieht, bilden die Oberfläche dieses Sees. Sie ist manchmal glatt und manchmal windbewegt, je nach dem Wechsel der Zeiten. Tief unten jedoch ist das Wasser des Sees immer vollkommen ruhig. Du bist der ganze See, nicht bloß die Oberfläche, und du bist mit deiner Tiefe in Berührung, die immer vollkommen still ist.

Du sträubst dich nicht gegen Veränderungen, indem du dich mental an jede Situation anklammerst. Dein innerer Frieden hängt schließlich nicht davon ab. Du weilst im Sein – unverändert, zeitlos, unsterblich – und gierst nicht mehr nach Erfüllung oder Glück in der Außenwelt mit ihren ständig wechselnden Formen. Du kannst dich daran freuen, damit spielen, neue Formen erschaffen und die Schönheit in allem bewundern. Aber es besteht kein Bedürfnis mehr, an irgendetwas festzuhalten.

Solange dir das Sein nicht bewusst ist, entgeht dir auch die Wirklichkeit anderer Menschen, weil du deine eigene noch nicht gefunden hast. Deinem Denken gefallen oder missfallen sie in ihrer Erscheinungsform, die nicht nur ihren Körper, sondern auch ihren Geist umfasst. Wahre Beziehungen sind aber nur dann möglich, wenn das Bewusstsein des Seins da ist.

Vom Sein her erscheinen dir Körper und Geist eines anderen Menschen wie ein Wandschirm, durch den du seine eigentliche Wirklichkeit ebenso spürst wie deine eigene. Wenn du dann mit dem Leid oder unbewussten Verhalten eines anderen konfrontiert wirst, bleibst du voll gegenwärtig und mit dem Sein in Berührung, sodass du im eigenen Sosein das strahlende, reine Sein des anderen Menschen jenseits seiner Erscheinungsform fühlst.

Auf der Seinsebene wird alles Leiden als Illusion erkannt. Leiden entsteht durch Identifikation mit Form. Durch diese Erkenntnis treten manchmal Wunderheilungen auf – wenn im anderen Menschen das Seinsbewusstsein geweckt wird, sofern er reif dafür ist.

Mitgefühl ist die bewusste Wahrnehmung einer tief

greifenden Verbindung zwischen dir und allen Wesen. Wenn du das nächste Mal über jemanden sagst, du hättest nichts mit ihm oder ihr gemein, dann denk daran, dass ihr in Wahrheit eine Menge gemeinsam habt: In ein paar Jahren – ob in zwei oder in siebzig Jahren, spielt keine große Rolle – werdet ihr beide verwesende Leichen sein und schließlich zu Staub zerfallen, bis nichts mehr von euch übrig ist. Das ist eine ernüchternde Erkenntnis, die bescheiden macht und wenig Raum für Stolz lässt.

Ist das ein negativer Gedanke? Nein, es ist eine Tatsache. Warum verschließt du die Augen davor? Unter diesem Gesichtspunkt besteht völlige Gleichheit zwischen dir und jedem anderen Wesen.

Eine der wirksamsten spirituellen Übungen ist die Meditation über die Vergänglichkeit der physischen Formen einschließlich deiner eigenen. Sie heißt: Stirb, ehe du stirbst.
Gehe tief in dich hinein. Deine physische Form löst sich auf, sie ist nicht mehr. Dann kommt ein Augenblick, in dem auch alle mentalen Vorstellungen und Gedanken sterben. Trotzdem bist du immer noch da – ganz göttliche Gegenwart. Strahlend und hellwach.
Nichts Wirkliches ist je gestorben, nur Namen, Formen und Illusionen sind vergangen.

Auf dieser tiefen Ebene wird Mitgefühl im weitesten Sinne heilsam. In diesem Zustand besitzt du einen heilenden Einfluss, der nicht primär auf dem beruht, was du tust, sondern auf dem, was du bist. Jeder, mit dem du in Kontakt kommst, wird von deiner Gegenwart angerührt und von dem Frieden beeinflusst, den du ausstrahlst, ob er sich dessen bewusst ist oder nicht.

Wenn du voll gegenwärtig bist und Leute in deiner Umgebung unbewusste Verhaltensweisen an den Tag legen, hast du kein Bedürfnis mehr, darauf zu reagieren und so ihrem Verhalten eine Wirklichkeit zuzusprechen. Dein Frieden ist so unendlich tief, dass aller Unfrieden darin verschwindet, als hätte er nie existiert. Dadurch wird der karmische Kreislauf von Aktion und Reaktion durchbrochen.

Tiere, Bäume und Blumen werden deinen Frieden spüren und ihn erwidern. Du lehrst durch dein Sein, indem du den Frieden Gottes manifestierst.

Du wirst zum »Licht der Welt«, einer Emanation reinen Bewusstseins, und damit beendest du das Leiden an seinen Wurzeln. Du befreist die Welt von ihrer Unbewusstheit.

Die Weisheit der Hingabe

Bestimmender Hauptfaktor für die Zukunft, die du erleben wirst, ist die Qualität deines Bewusstseins in diesem Augenblick, deshalb ist Hingabe das Wichtigste, um positive Veränderungen einzuleiten. Alles, was du tust, ist zweitrangig. Ohne voll bewusste Hingabe ist kein wahrhaft positives Handeln möglich.

Einigen Leuten sagt der Begriff der Hingabe nicht zu, sie assoziieren damit Niederlage, Aufgeben, das Unvermögen, sich den Herausforderungen des Lebens zu stellen, Lethargie usw. Wahre Hingabe ist jedoch etwas vollkommen anderes. Darunter ist keineswegs zu verstehen, sich passiv in die jeweilige Situation zu schicken und nichts daran zu ändern. Auch nicht, keine Pläne mehr zu schmieden und nicht mehr positiv in Aktion zu treten.

> **Hingabe besteht in der einfachen,** aber tief greifenden Weisheit, sich lieber dem Strom des Lebens anzuvertrauen, als sich ihm zu widersetzen. Der einzige Ort, an dem du den Strom des Lebens erfahren kannst, ist das Jetzt; Hingabe heißt also, den gegenwärtigen Augenblick ohne Bedingungen und Vorbehalte anzunehmen Es bedeutet, den inneren Widerstand gegen das, was ist, aufzugeben.

Innerer Widerstand zeigt sich dann, wenn du aufgrund von mentalen Entscheidungen und negativen Emotionen »nein« sagst zu dem, was ist. Besonders ausgeprägt ist er, wenn etwas »schief geht«, sich also eine Kluft auftut zwischen den Anforderungen und starren Erwartungen deines Denkens und dem, was ist. Das ist die Schmerzkluft.

Wenn du alt genug bist, weißt du, dass ziemlich oft etwas »schief geht«. Gerade in solchen Zeiten musst du Hingabe üben, um Schmerz und Leid aus deinem Leben zu verbannen. Wenn du das akzeptierst, was ist, befreist du dich sofort von gedanklichen Identifikationen und verbindest dich wieder mit dem Sein. Widerstand leistet das Denken.

Hingabe ist ein rein inneres Phänomen. Sie bedeutet nicht, dass du nicht mehr im Äußeren aktiv werden und etwas an den Umständen ändern könntest. Es ist auch gar nicht die Gesamtsituation, die du hinnimmst, wenn du Hingabe übst, sondern nur ein kleiner Ausschnitt davon, das Jetzt. Wenn du im Morast feststeckst, sagst du ja auch nicht: »Na schön, ich stecke im Morast und gebe auf.« Hingabe bedeutet nicht Aufgabe.

Unerwünschte oder unangenehme Lebensumstände brauchst du nicht hinzunehmen. Du brauchst dich auch nicht selbst zu belügen und dir einzureden, dass

an den Umständen nichts auszusetzen ist. Nein. Du bist dir vollkommen darüber im Klaren, dass du da raus willst. Dann richtest du deine Aufmerksamkeit ausschließlich auf den gegenwärtigen Augenblick, ohne ihn gedanklich in irgendeiner Weise zu etikettieren.
Das heißt, das Jetzt wird nicht beurteilt. Infolgedessen entsteht auch kein Widerstand, keine emotionale Negativität. Du akzeptierst einfach das Sosein dieses Augenblicks.
Dann trittst du in Aktion und tust alles, was dir möglich ist, um dich aus der Situation zu befreien.

Solches Handeln nenne ich positives Handeln. Es ist viel effektiver als negatives Handeln aus Wut, Verzweiflung oder Frustration. Bis du das gewünschte Ergebnis erzielt hast, übst du dich weiterhin in Hingabe, indem du davon ablässt, das Jetzt zu bewerten.

Ich will diesen Punkt durch ein Beispiel anschaulich machen. Du gehst eines Nachts in dichtem Nebel einen Weg entlang. Aber du hast eine starke Taschenlampe dabei, deren Strahl den Nebel durchdringt und ein kleines Wegstück vor dir aufhellt. Der Nebel ist deine Lebenssituation einschließlich Vergangenheit und Zukunft; die Taschenlampe ist deine bewusste Gegenwärtigkeit; das helle Wegstück ist das Jetzt.

Nichthingabe verhärtet deine psychische Form, die Schale des Ego, und erzeugt so ein starkes Gefühl des Getrenntseins. Dadurch nimmst du deine Umwelt und besonders andere Menschen als Bedrohung wahr. Jetzt hast du unbewusst den unwiderstehlichen Drang, die anderen durch dein Urteil zu vernichten, oder das Bedürfnis, mit ihnen zu konkurrieren und die Oberhand zu gewinnen. All deine Wahrnehmungen und Interpretationen sind von Angst geprägt, und selbst die Natur erscheint dir feindlich. Die geistige Erkrankung, die wir Verfolgungswahn nennen, ist nur eine etwas akutere Form dieses weit verbreiteten, aber gestörten Bewusstseinszustands.

Nicht nur deine psychische, sondern auch deine physische Form – dein Körper – wird durch Widerstand hart und starr. In verschiedenen Körperteilen machen sich Verspannungen bemerkbar und der ganze Körper verkrampft sich. Die Lebensenergie, die entscheidend ist für gesunde Körperfunktionen, wird stark in ihrem freien Fluss behindert.

Körperarbeit und bestimmte Körpertherapien können mithelfen, den Energiestrom wieder in Gang zu bringen, aber wenn du dich in deinem Alltagsleben nicht in Hingabe übst, werden sie die Symptome nur vorübergehend lindern, da deren Ursache – das Widerstandsmuster – nicht aufgelöst wurde.

Etwas ist in dir, das von den wechselnden Umständen, aus denen sich deine Lebenssituation zusammensetzt, nicht betroffen ist, und dazu findest du nur durch Hingabe Zugang. Es ist dein Leben, dein Sein, das ewig in der Zeitlosigkeit der Gegenwart besteht.

Wenn du deine Lebensumstände unbefriedigend oder sogar unerträglich findest, kannst du das Muster des inneren Widerstands, das die Situation aufrechterhält, nur aufbrechen, wenn du als Erstes Hingabe übst.

Hingabe schließt keineswegs aus, dass du handelst, Veränderungen durchführst oder Ziele verfolgst. Aber durch Hingabe fließt eine völlig neue Energie in dein Handeln ein, erhält es eine völlig neue Qualität. Hingabe verbindet dich wieder mit der Urenergie des Seins, und wenn dein Handeln vom Sein durchdrungen ist, wird es zur freudigen Feier der Lebensenergie und führt dich noch tiefer ins Jetzt.

Durch Widerstandslosigkeit wird die Qualität deines Bewusstseins und damit auch die Qualität all dessen, was du tust oder erschaffst, außerordentlich gesteigert. Was dabei herauskommt, spiegelt diese Qualität wider und spricht für sich. Wir können es als »Handeln durch Hingabe« bezeichnen.

Hingabe schärft deinen Blick für das, was zu tun ist; du trittst in Aktion und konzentrierst dich immer nur auf eine Sache, erledigst eins nach dem anderen.
Lerne von der Natur. Sieh, wie sich das Wunder des Lebens ohne Unzufriedenheit oder Trübsinn entfaltet und alles gelingt.

Darum hat Jesus gesagt: »Schaut die Lilien auf dem Feld an, wie sie wachsen: Sie arbeiten nicht, auch spinnen sie nicht.«

Wenn deine Gesamtsituation unbefriedigend oder unangenehm ist, dann nimm dir nur diesen einen Augenblick und gib dich dem hin, was ist. Das ist der Taschenlampenstrahl, der den Nebel durchdringt. In diesem Bewusstseinszustand lässt du dich nicht länger von äußeren Umständen beeinflussen. Du gehst nicht mehr von Reaktion und Widerstand aus.
Und jetzt sondiere die Situation. Frage dich: »Kann ich irgendetwas tun, um diese Situation zu verändern, zu verbessern oder zu verlassen?« Wenn ja, unternimm die nötigen Schritte.

Befasse dich nicht mit den tausenderlei Dingen, die du irgendwann in Zukunft tun willst oder tun musst, sondern konzentriere dich auf das eine, was du in diesem

Augenblick tun kannst. Das heißt nicht, dass du nicht vorausplanen könntest. Womöglich ist Planung genau das, was im Augenblick angesagt ist. Aber pass auf, dass keine »Gedankenfilme« in deinem Kopf ablaufen, die dich fortwährend auf die Zukunft ausrichten, sodass du das Jetzt aus den Augen verlierst. Manches, was du jetzt tust, hat vielleicht keine unmittelbaren Auswirkungen. Bis es Frucht trägt, solltest du dich dem, was ist, nicht widersetzen.

> **Wenn du nichts tun** und dich auch nicht aus der Situation befreien kannst, dann nutze sie, um dich noch intensiver in Hingabe zu üben und noch tiefer ins Jetzt, ins Sein hineinzugehen.

Wenn du in die zeitlose Dimension der Gegenwart eintrittst, ergeben sich oft erstaunliche Veränderungen, ohne dass du viel dazutun musst. Das Leben erweist sich auf einmal als hilfreich und kooperativ. Innere Faktoren wie Angst, Schuldgefühle oder Trägheit, die dich vielleicht davon abhalten, aktiv zu werden, lösen sich im Licht deiner bewussten Präsenz auf.

Verwechsle Hingabe nicht mit der Einstellung: »Ich kümmer mich um nichts mehr« oder: »Mir ist alles egal.« Bei genauerer Betrachtung wirst du feststellen, dass eine solche Einstellung durch Negativität in Form von heimlichem Groll geprägt ist und folglich gar keine Hingabe, sondern gut getarnter Widerstand ist.

Während du dich in Hingabe übst, solltest du deine Aufmerksamkeit nach innen richten und prüfen, ob vielleicht noch eine letzte Spur von Widerstand da ist. Sei dabei sehr wachsam; sonst verbirgt sich möglicherweise in irgendeinem dunklen Winkel noch ein Widerstandsnest in Form eines Gedankens oder einer nicht eingestandenen Emotion.

Von mentaler zu spiritueller Energie

Erkenne zunächst einmal an, dass Widerstand da ist. Pass auf, wenn er wach wird und sich zeigt. Beobachte, wie dein Denken ihn erzeugt und die Situation, dich oder die anderen etikettiert. Schau dir den betreffenden Denkvorgang an. Fühle die Energie der Emotion.
Indem du den Widerstand beobachtest, erkennst du, dass er keinen Zweck erfüllt. Indem du deine gesammelte Aufmerksamkeit auf das Jetzt richtest, machst du den unbewussten Widerstand bewusst, und damit hört er auf.

Du kannst nicht bewusst und doch unglücklich oder negativ eingestellt sein. Negativität, Missmut und Leid aller Art bedeuten, dass noch Widerstand da ist, und Widerstand ist immer unbewusst.

Würdest du dich freiwillig dafür entscheiden, unglücklich zu sein? Wenn du dich nicht dafür entschieden hast, woher kommt es dann? Welchen Zweck erfüllt es? Wer gibt ihm Nahrung?

Selbst wenn dir bewusst ist, dass du unglücklich bist, hast du dich doch damit identifiziert und hältst die betreffenden Gefühle durch zwanghaftes Denken wach. Das alles vollzieht sich unbewusst. Wenn du dir dessen bewusst wärst oder, anders ausgedrückt, wenn du voll gegenwärtig im Jetzt weiltest, würde sich alle Negativität sehr schnell auflösen. In deiner Gegenwart hat sie keine Chance. Sie kann nur überleben, wenn du abwesend bist.

Selbst der Schmerzkörper hat in deiner Gegenwart nicht lange Bestand. Du leidest so lange unter deinem Unglück, wie du ihm Zeit einräumst. Zeit ist sein Lebenssaft. Nimmst du ihm die Zeit, indem du dein Bewusstsein ganz auf den gegenwärtigen Augenblick richtest, ist es mit ihm vorbei. Aber willst du das überhaupt? Hast du wirklich genug davon? Und wer bist du dann noch?

Bevor du dich in Hingabe übst, ist die spirituelle Dimension nur etwas, worüber du liest, dich unterhältst, nachdenkst, Bücher schreibst, wofür du dich begeisterst und woran du glaubst oder nicht, je nachdem. Es spielt keine Rolle.

> **Erst durch die Hingabe** wird die spirituelle Dimension zu einer lebendigen Realität in deinem Leben.
> Dann hat die Energie, die du ausstrahlst und von der dein Leben in Gang gehalten wird, eine viel höhere Schwingungsfrequenz als die mentale Energie, die heute noch unsere Welt bewegt.
> Durch Hingabe gelangt spirituelle Energie in die Welt. Sie schafft kein Leid, weder für dich noch für andere Menschen und andere Lebensformen auf dem Planeten.

Hingabe in persönlichen Beziehungen

Es ist wahr, dass nur ein unbewusster Mensch versuchen wird, andere zu manipulieren und auszunutzen, aber genauso wahr ist, dass nur ein unbewusster Mensch manipuliert und ausgenutzt werden kann. Wenn du dem unbewussten Verhalten anderer Widerstand entgegensetzt oder dagegen ankämpfst, dann wirst du selbst unbewusst.

Hingabe bedeutet aber nicht, sich von unbewussten Mitmenschen ausnutzen zu lassen. Ganz und gar nicht. Es ist durchaus möglich, einem Menschen klipp und klar »nein« zu sagen oder sich einer bestimmten Situation zu entziehen und doch zugleich innerlich vollkommen widerstandslos zu sein.

Wenn du zu einer Person oder Situation »nein« sagst, sollte dein Nein nicht als Reaktion kommen, sondern deiner Einsicht entspringen, der klaren Erkenntnis dessen, was in diesem Augenblick für dich richtig oder unrichtig ist.
Es sollte ein Nein sein, das ohne Reaktion ist, ein Nein von hoher Qualität, ein Nein ohne jede Negativität, das kein weiteres Leiden schafft.
Wenn du aber nicht zur Hingabe fähig bist, dann handle sofort: Sag oder tu etwas, um die Situation zu verändern, oder entziehe dich ihr. Übernimm die Verantwortung für dein Leben.

Verschmutze weder dein wunderbares, strahlendes inneres Sein noch die Erde mit Negativität. Gib dem Ärger und Groll, in welcher Form auch immer, keinen Raum in deinem Innern.

Wenn du nicht handeln kannst – wenn du beispielsweise im Gefängnis sitzt –, stehen dir nur zwei Entscheidungsmöglichkeiten offen: Widerstand oder Hingabe.

Gefesseltsein an äußere Umstände oder Freiheit davon. Leiden oder innerer Frieden.

Deine Beziehungen werden sich durch Hingabe tief greifend verändern. Wenn du das, was ist, nie akzeptieren kannst, heißt das nichts anderes, als dass du niemanden so annehmen kannst, wie er ist. Du wirst beurteilen, kritisieren, etikettieren, ablehnen oder versuchen, Leute zu ändern.

Darüber hinaus wirst du, wenn du das Jetzt fortwährend als Mittel für einen zukünftigen Zweck gebrauchst, auch jeden Menschen, dem du begegnest oder mit dem du eine Beziehung eingehst, als Mittel zum Zweck ansehen. Die Beziehung – der Mensch – hat dann nur zweitrangige oder gar keine Bedeutung für dich. Wichtig ist nur, was du aus der Beziehung herausholen kannst, sei es materieller Gewinn, ein Machtgefühl, sinnliche Lust oder irgendeine andere Form von Egobefriedigung.

Im Folgenden will ich veranschaulichen, wie Hingabe sich in Beziehungen auswirken kann.

Wenn du in einen Streit oder eine Konfliktsituation mit deinem Partner oder jemandem, der dir nahe steht, hineingezogen wirst, solltest du einmal beobachten, wie sehr du dich verteidigst, sobald deine eigene Position angegriffen wird, und mit welcher Aggressivität du die Einstellung der anderen Person angreifst.

Beobachte, wie du an deinen Ansichten und Auffassungen festhältst. Spüre die mental-emotionale Energie hinter deinem Verlangen, Recht zu behalten und den anderen Menschen ins Unrecht zu setzen. Das ist die Energie des Egogeistes. Du machst sie bewusst, indem du sie anerkennst und sie möglichst intensiv fühlst.

Dann wirst du eines Tages mitten in einem Streit plötzlich merken, dass du die Wahl hast, und dich vielleicht entscheiden, deine Reaktion fallen zu lassen – nur um zu sehen, was dann passiert. Du gibst dich hin.

Gemeint ist nicht, statt anders zu reagieren einfach nur zu sagen: »Na schön, du hast Recht« und dazu eine Miene zu machen, als wolltest du eigentlich sagen: »Ich stehe über all diesem unbewussten Kinderkram.« Damit verschiebst du den Widerstand nur auf eine andere Ebene, während der Egogeist weiterhin die Zügel in der Hand behält und sich überlegen wähnt. Gemeint ist vielmehr, das gesamte mental-emotionale Energiefeld in deinem Innern fallen zu lassen, das um Machterhalt kämpft.

Das Ego ist schlau, du musst also auf der Hut, voll gegenwärtig und vollkommen ehrlich zu dir selbst sein, um zu sehen, ob du wirklich deine Identifikation mit einer mentalen Position aufgegeben und dich so vom Denken befreit hast.

> **Wenn du plötzlich eine große Leichtigkeit, Klarheit und einen tiefen Frieden empfindest,** ist das ein unverkennbares Anzeichen dafür, dass du wirklich voller Hingabe bist. Beobachte nun, was aus der mentalen Position des anderen Menschen wird, nachdem du sie nicht länger durch deinen Widerstand mit Energie versorgst. Wenn die Identifikation mit mentalen Positionen aus dem Weg geräumt ist, setzt wahre Kommunikation ein.

Widerstandslos zu sein heißt nicht unbedingt, untätig zu sein. Es heißt nur, dass dein Handeln nicht mehr auf bloßer Reaktion beruht. Denk einmal daran, welche tiefe Weisheit den ostasiatischen Kriegskünsten zugrunde liegt: Widersetze dich der gegnerischen Kraft nicht. Gib nach, um zu siegen.

Demnach ist »Nichthandeln« im Zustand intensiver Gegenwärtigkeit ein kraftvoller Transformator und durch und durch heilsam für die Situation und die Betroffenen.

Es unterscheidet sich radikal von der Inaktivität im gewöhnlichen Bewusstseinszustand bzw. in der Unbewusstheit, die aus Angst, Trägheit oder Unentschlossenheit entsteht. Wirkliches Nichthandeln setzt innere

Widerstandslosigkeit und konzentrierte Achtsamkeit voraus.

Auf der anderen Seite wirst du, wenn Handeln gefordert ist, nicht länger aus deinem konditionierten Denken heraus reagieren, sondern dich der Situation in bewusster Gegenwärtigkeit anpassen. In diesem Zustand ist dein Geist frei von Vorstellungen einschließlich der Vorstellung von Gewaltlosigkeit. Wer weiß, was du dann tun wirst?

Das Ego glaubt, deine Stärke liege im Widerstandleisten, während Widerstand dich in Wirklichkeit vom Sein abschneidet, dem einzigen Bereich wahrer Macht. Widerstand ist Schwäche und Angst, als Stärke maskiert. Was das Ego für Schwäche hält, ist dein Sein in seiner ganzen Reinheit, Unschuld und Kraft. Was es hingegen für Stärke hält, ist eigentlich Schwäche. Das Ego befindet sich also ständig in einem Widerstandsmodus und führt Täuschungsmanöver durch, um deine »Schwäche« zu verbergen, die in Wahrheit deine Stärke ist.

Ohne Hingabe besteht ein Großteil der menschlichen Interaktionen aus unbewussten Rollenspielen. Mit Hingabe brauchst du keine Ego-Abwehrmechanismen und falschen Masken mehr. Du wirst ganz einfach, ganz real. »Das ist gefährlich«, sagt das Ego. »Man wird dich verletzen. Du wirst verwundbar.«

Das Ego weiß natürlich nicht, dass du deine wahre, wesenhafte Unverwundbarkeit nur entdeckst, wenn du vom Widerstand ablässt und »verwundbar« wirst.

9 Die Transformation von Krankheit und Leid

Krankheit in Erleuchtung verwandeln

Hingabe ist das rückhaltlose innere Annehmen dessen, was ist. Wir reden von deinem Leben und von diesem Augenblick, nicht von den Gegebenheiten und Umständen deines Lebens, also nicht von dem, was ich deine Lebenssituation nenne.

Krankheit ist Teil deiner Lebenssituation, folglich hat sie Vergangenheit und Zukunft. Vergangenheit und Zukunft bilden ein ununterbrochenes Kontinuum, es sei denn, du aktivierst durch deine bewusste Gegenwärtigkeit die erlösende Kraft des Jetzt. Wie du weißt, gibt es hinter den verschiedenen Gegebenheiten, die deine Lebenssituation bestimmen und die in der Zeit existieren, etwas Tieferes, Wesentlicheres: dein Leben, dein eigentliches Sein im zeitlosen Jetzt.

Im Jetzt gibt es keine Probleme und infolgedessen auch keine Krankheiten. Der Glaube an das Etikett, mit dem jemand deinen Zustand beschreibt, erhält diesen Zustand aufrecht, verleiht ihm Gewicht und macht aus einer vorübergehenden Störung einen scheinbar festgefügten Tatbestand. Diesem Tatbestand werden nicht nur

Wirklichkeit und Festigkeit zugeschrieben, sondern auch eine zeitliche Fortdauer, die er vorher gar nicht hatte.

Indem du dich auf den gegenwärtigen Augenblick konzentrierst und davon ablässt, eine begriffliche Einordnung vorzunehmen, reduzierst du die Krankheit auf einen oder mehrere der folgenden Faktoren: körperliche Schmerzen, Schwäche, Unwohlsein, Behinderung. Dem gibst du dich hin – jetzt. Du brauchst dich aber keineswegs einer »Krankheit« hinzugeben, die nur in deiner Vorstellung existiert.
Lass dich von deinem Leiden in den gegenwärtigen Augenblick zwingen, in einen Zustand bewusster Gegenwärtigkeit. Nutze es zu deiner Erleuchtung.

Durch Hingabe wird das, was ist, nicht verändert, jedenfalls nicht direkt. Aber wenn du transformiert wirst, wird deine ganze Welt transformiert, weil die Welt nur ein Spiegelbild ist.

Die Krankheit ist nicht das Problem. *Du* bist das Problem – solange das Egodenken die Kontrolle über dich hat.

Wenn du krank oder behindert bist, solltest du nicht das Gefühl haben, in irgendeiner Weise versagt zu haben, und keine Schuldgefühle hegen. Wirf dem Leben nicht vor, dich ungerecht zu behandeln, aber mach auch dir selbst keine Vorwürfe. All das ist Widerstand. Wenn du eine schwere Krankheit hast, dann nutze sie zu deiner Erleuchtung. Alles »Unglück« in deinem Leben – nutze es zur Erleuchtung.

Widme der Krankheit keine Zeit. Gesteh ihr weder Vergangenheit noch Zukunft zu. Lass dich von ihr zum intensiven, bewussten Erleben des gegenwärtigen Augenblicks bringen und sieh, was geschieht.

Werde Alchemist. Verwandle ein unedles Metall in Gold, Leiden in Bewusstheit, das Unglück in Erleuchtung.

Bist du wirklich schwer krank und ärgerst dich jetzt über das, was ich gesagt habe? Dann ist das ein deutliches Anzeichen dafür, dass du einen Teil deines Selbstgefühls aus deiner Krankheit beziehst und nun deine Identität schützt – und damit auch die Krankheit.

Der Zustand namens »Krankheit« hat nichts mit dem zu tun, was du in Wahrheit bist.

Wann immer du von einer größeren Schwierigkeit oder einem Unglücksfall betroffen bist – einer Krankheit oder Behinderung, dem Verlust deines Heims, deines Vermögens oder deiner sozialen Identität, dem Bruch einer engen Beziehung, dem Leiden oder Sterben eines geliebten Menschen oder deinem eigenen drohenden

Tod –, solltest du daran denken, dass alles zwei Seiten hat und du nur einen einzigen Schritt von etwas Unglaublichem entfernt bist: von der vollkommenen alchemistischen Umwandlung des unedlen Metalls »Schmerz und Leid« in Gold. Dieser eine Schritt heißt Hingabe.

Ich behaupte nicht, dass du in einer derartigen Situation glücklich sein wirst. Bestimmt nicht. Aber deine Angst und dein Schmerz werden sich in einen inneren Frieden und eine Gelassenheit verwandeln, die aus großer Tiefe kommen – aus dem Nichtmanifesten selbst. Es ist der »Friede Gottes, der höher ist als alle Vernunft«. Im Vergleich dazu ist Glück Schall und Rauch.

Mit diesem leuchtenden Frieden zugleich stellt sich – nicht auf der Verstandesebene, sondern in der tiefsten Tiefe deines Seins – die Erkenntnis ein, dass du unzerstörbar, unsterblich bist. Das ist kein Glaube. Vielmehr ist es eine absolute Gewissheit, die keines äußeren Beweises, keiner Beglaubigung durch eine andere Instanz bedarf.

Leiden in Frieden umwandeln

In bestimmten Extremsituationen mag es dir noch immer nicht gelingen, das Jetzt zu akzeptieren. Aber du bekommst stets eine zweite Chance zur Hingabe.

Deine erste Chance ist die, dich jeden Augenblick an die Wirklichkeit dieses Augenblicks hinzugeben.
In dem Wissen, dass das, was ist, nicht ungeschehen gemacht werden kann, weil es bereits ist, sagst du ja zu dem, was ist, und akzeptierst auch das, was nicht ist.
Dann tust du, was du tun musst und was die jeweilige Situation erfordert.
Wenn du in diesem Zustand des Annehmens verweilst, schaffst du keine Negativität, kein Leiden und keinen Verdruss mehr. Du lebst dann ohne Kampf und ohne Widerstand, in Anmut und Leichtigkeit.

Wenn du hierzu nicht in der Lage bist und die erste Chance verpasst hast – weil du entweder nicht genügend bewusste Gegenwärtigkeit aufbringst, um zu verhindern, dass gewohnheitsbedingte unbewusste Muster in dir aufsteigen, oder weil deine Situation so extrem ist, dass sie dir unerträglich erscheint –, dann erzeugst du Schmerz und Leiden in irgendeiner Form.

Es sieht vielleicht so aus, als würde dir die Situation das Leid bescheren, aber das stimmt letztlich nicht – dein eigener Widerstand ist dafür verantwortlich.

Hier ist deine zweite Chance zur Hingabe: Wenn du das Äußere nicht akzeptieren kannst, dann akzeptiere das Innere.

Wenn die äußeren Umstände unannehmbar für dich sind, dann nimm die inneren Umstände an.
Das heißt: Leiste dem Schmerz keinen Widerstand. Lass ihn zu. Liefere dich dem Gram, der Verzweiflung, der Angst, der Einsamkeit oder der jeweiligen Form des Leidens ganz aus. Beobachte sie, ohne sie gedanklich einzuordnen. Umarme sie.
Und dann sieh, wie das Wunder der Hingabe großes Leid in tiefen Frieden verwandelt. Das ist deine Kreuzigung. Lass daraus deine Auferstehung und Himmelfahrt werden.

Ist dein Leid abgrundtief, dürfte alles Reden von Hingabe sinnlos und nutzlos erscheinen. Wenn du große Schmerzen leidest, wirst du wahrscheinlich den unwiderstehlichen Drang verspüren, ihnen zu entrinnen, statt dich ihnen auszuliefern. Du willst das, was du fühlst, nicht fühlen. Was könnte normaler sein!

Aber es gibt kein Entrinnen, es führt kein Weg daran vorbei.

Allerdings gibt es verschiedene Pseudomöglichkeiten zur Flucht – Arbeit, Alkohol, Drogen, Wut, Projektionen, Unterdrückungsmechanismen usw. –, aber sie befreien dich nicht vom Schmerz. Die Intensität des Leidens lässt nicht nach, wenn du es ins Unbewusste verdrängst. Sobald du emotionalen Schmerz verleugnest, wird alles, was du denkst und tust, einschließlich deiner Beziehungen, davon kontaminiert. Du wirst sozusagen zu einem Sender, der die negative Energie ausstrahlt, die andere dann unterschwellig auffangen.

Wenn sie unbewusst sind, werden sie sich vielleicht sogar veranlasst fühlen, dich in irgendeiner Weise anzugreifen und zu verletzen, oder du projizierst deinen Schmerz unbewusst auf die anderen, greifst sie an und verletzt sie.

Du ziehst immer das an und manifestierst das, was deinem inneren Zustand entspricht.

Wenn es keinen Ausweg gibt, dann gibt es zumindest einen Weg hindurch. Wende dich also nicht von deinem Schmerz ab. Sieh ihm ins Auge. Fühle ihn durch und durch. Fühle ihn – aber denk nicht über ihn nach! Drücke ihn aus, falls nötig, ohne jedoch in Gedanken eine Geschichte daraus zu machen. Richte deine gesammelte Aufmerksamkeit auf das Gefühl und nicht auf die Person, das Ereignis oder die Situation, die scheinbar die Ursache waren.
Lass nicht zu, dass dein Denken den Schmerz dazu benutzt, um dir daraus eine Opferidentität zu erschaffen. Wenn du dich selbst bemitleidest und anderen deine Leidensgeschichte erzählst, bleibst du dem Leiden verhaftet.

Da es unmöglich ist, dem Gefühl zu entfliehen, besteht die einzige Möglichkeit zur Veränderung darin, tief hineinzugehen; sonst wird sich gar nichts ändern.
Achte also mit gesammelter Aufmerksamkeit auf das, was du fühlst, und lass davon ab, es in Gedanken zu etikettieren. Sei höchst wachsam, während du in das Gefühl hineingehst.
Zuerst wirst du es vielleicht als dunkel und Angst erregend wahrnehmen und den Drang verspüren, dich davon abzuwenden, aber gib ihm nicht nach, sondern beobachte es nur. Bleibe mit deiner Aufmerksamkeit bei dem Schmerz und fühle den Kummer, die Angst, das Entsetzen, die Einsamkeit oder was es sonst ist.
Bleibe wachsam, bleibe gegenwärtig – gegenwärtig mit deinem ganzen Sein, mit jeder Zelle deines Körpers. So trägst du ein Licht in die Dunkelheit: die Flamme deiner Bewusstheit.

In diesem Stadium brauchst du dich nicht mehr um Hingabe zu bemühen. Sie geschieht bereits. Wieso? Konzentrierte Achtsamkeit ist rückhaltloses Annehmen, ist Hingabe. Indem du mit gesammelter Aufmerksamkeit bei der Sache bist, bedienst du dich der Kraft des Jetzt, die nichts anderes ist als die Kraft deiner Präsenz.

In diesem Fall kann sich kein Restwiderstand irgendwo erhalten. Gegenwärtigkeit hebt die Zeit auf. Ohne Zeit kann weder Negativität noch Leid fortbestehen.

Das Leid zu akzeptieren ist eine Reise in den Tod. Großen Schmerz ins Auge zu fassen, ihn zuzulassen und ihm Aufmerksamkeit zu widmen ist eine bewusste Begegnung mit dem Tod. Wenn du diesen Tod gestorben bist, wird dir klar, dass es gar keinen Tod gibt, dass es nichts zu fürchten gibt. Nur das Ego stirbt.

Stell dir einen Sonnenstrahl vor, der vergessen hat, dass er ein untrennbarer Teil der Sonne ist und nun fälschlicherweise glaubt, er müsse um sein Überleben kämpfen, sich eine Identität fern der Sonne zulegen und daran festhalten. Wäre das Ende dieser Selbsttäuschung nicht eine unglaubliche Befreiung?

Willst du einen leichten Tod? Möchtest du lieber ohne Schmerzen, ohne Todesqualen sterben? Dann lass jeden Augenblick von neuem die Vergangenheit sterben und vertreibe mit dem Licht deiner Gegenwärtigkeit das schwere, zeitgebundene Selbst, das du für dein »Ich« gehalten hast.

Der Weg des Kreuzes – Erleuchtung durch Leiden

Der Weg des Kreuzes ist der alte Weg zur Erleuchtung und war bis vor kurzem der einzige Weg. Aber weise ihn nicht ab und unterschätze ihn nicht! Er ist immer noch gangbar.

Der Weg des Kreuzes ist eine vollkommene Verkehrung. Er bedeutet, dass sich das Schlimmste in deinem Leben, dein Kreuz, in das Beste verwandelt, was dir je widerfahren ist, indem es dich zum Aufgeben zwingt, zum »Sterben«, dazu, zu nichts und folglich zu Gott zu werden – denn auch Gott ist »nichts«.

Durch Leiden, auf dem Weg des Kreuzes, zur Erleuchtung zu gelangen heißt, trotz aller Gegenwehr und trotz lauten Protests ins Himmelreich gezwungen zu werden. Am Ende gibst du nach, weil du den Schmerz nicht mehr ertragen kannst, aber du wirst ihn vielleicht noch eine Weile aushalten müssen, bis es so weit ist.

Bewusst die Erleuchtung zu wählen heißt, Vergangenheit und Zukunft fahren zu lassen, statt daran festzuhalten, und das Jetzt zum Brennpunkt des Lebens zu machen.
Es bedeutet, sich dafür zu entscheiden, lieber in der Gegenwart zu weilen als in der Zeit.

Es bedeutet, ja zu sagen zu dem, was ist.
Dann wird der Schmerz nicht mehr gebraucht.

Wie lange wird es deiner Meinung nach noch dauern, bis du sagen kannst: »Ich will keinen Schmerz und kein Leid mehr verursachen«? Wie viel Schmerz brauchst du noch, ehe du diese Entscheidung triffst?

Wenn du glaubst, noch Zeit zu brauchen, wird dir noch Zeit gewährt – und Schmerz. Zeit und Schmerz sind untrennbar miteinander verbunden.

Die Wahlfreiheit

Entscheidungen setzen Bewusstsein voraus – einen hohen Bewusstseinsgrad. Andernfalls hast du gar keine Wahl. Eine Entscheidung fällt erst in dem Augenblick, in dem du dich nicht mehr mit deinem Verstand und seinen konditionierten Denkmustern identifizierst, in dem Augenblick, in dem du voll gegenwärtig bist.

Bis du diesen Punkt erreichst, bist du aus spiritueller Sicht unbewusst. Das heißt, du kannst je nach Konditionierung deines Verstandes nur in einer bestimmten Weise denken, fühlen und handeln.

Niemand wählt freiwillig Behinderungen, Konflikte und Schmerzen. Niemand wählt den Wahnsinn. Diese

Störungen treten auf, weil du nicht genügend Gegenwärtigkeit besitzt, um die Vergangenheit aufzulösen, nicht genügend Licht, um die Dunkelheit zu vertreiben. Du bist noch nicht ganz da. Du bist noch nicht voll erwacht. Bis dahin regiert das konditionierte Denken dein Leben.

Wenn du zum Beispiel zu den vielen Menschen gehörst, die Probleme mit ihren Eltern haben und noch immer einen Groll auf sie hegen wegen etwas, das sie getan oder unterlassen haben, dann glaubst du jedenfalls, dass sie damals die Wahl hatten und es hätten anders machen können. Es sieht immer so aus, als wenn die Leute eine Wahl hätten, aber das ist eine Illusion. Welche Wahl hast du schon, solange dein Denken mit seinen konditionierten Mustern dein Leben regiert und du dich damit identifizierst? Keine. Du bist nicht einmal da. Die Identifikation mit dem Denken sorgt für schwerste Störungen. Sie ist eine Form von Wahnsinn.

Fast jeder leidet in unterschiedlichem Maße unter dieser Krankheit. In dem Augenblick, in dem du dir das vergegenwärtigst, erlischt aller Groll. Wie kannst du jemandem seine Erkrankung vorwerfen? Die einzig angemessene Reaktion ist Mitgefühl.

Wenn du dich von deinem Denken beherrschen lässt, leidest du, ob du willst oder nicht, unter den Folgen deiner Unbewusstheit und schaffst weiteres Leid. Dann trägst du schwer an der Last der Angst, Konflikte, Probleme und Schmerzen. Und die dadurch entstehenden Leiden zwingen dich allmählich, aus der Unbewusstheit herauszutreten.

> **Du kannst weder dir noch anderen wahrhaft vergeben,** solange du dein Selbstgefühl aus der Vergangenheit beziehst. Nur aus der Kraft des Jetzt, die deine eigene Kraft ist, kann echte Vergebung entspringen. Dann verliert die Vergangenheit ihre Macht, und du erkennst im Innersten, dass nichts, was du je getan hast oder was dir je angetan wurde, auch nur im Mindesten deinen strahlenden Wesenskern berührt hat.
> Wenn du dich dem hingibst, was ist, und auf diese Weise vollkommen gegenwärtig bist, verliert die Vergangenheit all ihre Macht. Du brauchst sie nicht mehr. Gegenwärtigkeit ist der Schlüssel. Das Jetzt ist der Schlüssel.

Da Widerstand nicht vom Verstand zu trennen ist, beendest du mit der Aufgabe dieses Widerstandes – mit Hingabe – die Herrschaft des Denkens über dich, die Herrschaft dieses Schwindlers, der behauptet, »du« zu sein, dieses falschen Götzen. Alles Urteilen und alles Negative lösen sich auf.

Dann erschließt sich dir das Reich des Seins, das vom Denken bisher verborgen wurde.

Plötzlich erfüllt dich eine tiefe Stille, ein grenzenloses Gefühl des Friedens.

Und in diesem Frieden ist große Freude.

Und in dieser Freude ist Liebe.

Und in ihrem innersten Kern ist das Heilige, das Unermessliche, das Namenlose.

Dank

Dankbar bin ich Victoria Ritchie, Connie Kellough, Marc Allen und den Mitarbeitern der New World Library für ihre Unterstützung und die hervorragende Betreuung dieses Buchprojekts.

Mein Dank gebührt außerdem allen nicht namentlich Genannten, die mein Buch von Anfang an begleitet und zu dessen Gelingen beigetragen haben.

Einen besonderen Dank möchte ich ferner den Eigentümern und Mitarbeitern der vielen kleinen und großen Buchläden aussprechen, die wesentlich daran mitgewirkt haben, mein Buch in die Welt hinauszutragen. Ihr leistet wunderbare Arbeit!

Literaturempfehlungen

Allen, James: *Heile deine Gedanken*, Verlag Alf Lüchow, Freiburg 1995

Bittrich, Dietmar/Salvesen, Christian: *Die Erleuchteten kommen*, Goldmann, München 2002

Chopra, Deepak: *Die sieben geistigen Gesetze des Erfolgs*, Heyne, München 1996

Gawain, Shakti: *Stell dir vor. Kreativ visualisieren*, Rowohlt, Reinbek 1986

Hawley, Jack: *Die Bhagavadgita*, Goldmann, München 2002

Ramana Maharshi: *Sei, was du bist*, O.W. Barth, München 2001

Tolle, Eckhart: *Jetzt! Die Kraft der Gegenwart*, Kamphausen, Bielefeld 2000

Weitere Informationen zu Eckhart Tolle, seinen Workshops, Seminaren, Retreats und Audio-Tapes finden Sie unter

www.eckharttolle.com

Mit Eckhart Tolle zu einem höheren Bewusstsein

1 CD. ISBN 978-3-442-33900-6

Diese CD enthält ein Übungsprogramm, wie wir ins Jetzt gelangen können. Es führt durch drei Torwege – die Wahrnehmung des eigenen Körpers, die Stille und schließlich das Annehmen dessen, was ist. Wer Tolle durch diese Torwege folgt, erschließt sich ein neues Lebensgefühl.

Spielzeit der CD: ca. 1 Stunden 10 Minuten

arkana
AUDIO